JN074530

図解 今こそ見直す

工場の電力コスト削減

株式会社日本総合研究所
瀧口 信一郎—著

日刊工業新聞社

はじめに

　2022年2月のロシアのウクライナ侵攻以降、電力価格が高騰し、多くの工場が電力コスト負担に苦しむことになりました。それまで、電力コストは多少の変動はありながら、電気事業者がその負担を負い、工場がその荒波に直接飲み込まれるような事態は発生していませんでした。2022年度の電力価格高騰は工場をはじめとする需要家の方々に大きなインパクトを残しました。

　2023年度に入り、化石燃料価格も落ち着き、電力価格も若干落ち着きを見せています。

　しかし、これはまだ終わりではありません。この根本的な要因が脱炭素にあり、化石燃料供給の減少、再生可能エネルギーの導入拡大、そして市場を活用した電力システムというエネルギーの構造転換は始まったばかりだからです。

　今後の電力価格の読みは一層難しくなります。供給者におんぶにだっこでは思わぬコスト上昇もあり得ます。逆に上手くマネジメントすれば、余剰電力により無料で電力を使うこともできるのです。

　一方で、需要家は需要という大きな強みを持っています。電力は需要と供給のバランスで決まります。需要をコントロールできる強みで、主導権すら取り得るのです。主導権を握ることができた需要家は電力コストを削減できます。

　工場にとって電力コスト削減は最終目標ではありません。あくまで工場の操業の柔軟性を上げたり、新たな生産プロセスに至ったりすることで、顧客への価値提供につなげることが重要です。

　電力コストを削減できるように悩まれている工場のマネジメントの方々の参考になればと思い、本書を記しました。新たなエネルギー利用の仕組み構築に向けて、一つでも示唆をご提供できれば幸いです。

2023年12月

瀧口　信一郎

図解 今こそ見直す 工場の電力コスト削減

目　次

第2章
工場での電気の使い方

3

第 **4** 章

電力コスト削減の実行

第 **1** 章

電力供給の基礎知識

マッチングが電力システムの本質

需要と供給を瞬時にマッチングする2層構造

　電力システムが大きく変わりつつあるため、工場は電力の捉え方を変えるタイミングにあります。原子力発電所、火力発電所で発電した電力が送電線でどう送られるかではなく、自ら電力システムのどこにアクセスし、メリットを享受するかが重要になりつつあります。

　「電力システム（電力系統）」は「需要と供給の瞬時マッチングシステム」です。電力という「モノ」をマッチングする必要があります。どのような商売も需要と供給のマッチングですが、電力は厳密に需要と供給の量が一致することが特徴です。同時に価格を決定する「カネ」のメカニズムが連動しています（図1-1）。

　モノの観点では、電力を作り（発電）、全国に張り巡らされた送配電網を通して利用者に届け、電力を消費する需要家に届けます。電力システムは交流電力を用いているため、電圧・電流が一定の「周波数」を保たなければなりません。供給と需要がその瞬間、その瞬間で一致していないと、電圧・電流のバランスが崩れ、一定の周波数が維持できなくなり、電力システム全体が停止してしまうのです。これが送配電網全体に広がった場合、電力システム全体が機能不全になるブラックアウトと呼ばれる状態に陥ります。そのため、需要に完全に一致するように発電を調整し、電力を供給しなければならないのです。

　このモノの需要と供給のマッチング（需給調整）は、現状の日本の電力システムでは、全国の10のエリアを一般送配電事業者の「中央給電指令所」が統括しています。需要と供給の情報を踏まえて、その過不足を埋めるための供給や需要の調整をルールに従って指示しています。需要家として電力システムに関わる場合も、「需要と供給の瞬時マッチング」に対応できるかどうかが問われることになります。

　一方、カネの観点からすると、一般的には小売電気事業者がマッチングを担っています。契約する需要家が求める電力量に、必要な発電を調達してくるのがその役割です。決まった単価（料金メニュー）で、使った量に応じて課金する仕組

みが一般的です。

　小売電気事業者は、直接発電所と契約をする相対取引と、発電所が電力取引市場を通じて販売する電力を購入する市場取引の2通りがあります。

　モノのマッチングは当然、カネのマッチングと整合しなければなりません。供給された商品とその金銭的なやり取りは当然、一致しているはずです。電力は計画通り使う場合だけでなく、天候や作業の状況次第で瞬間的に変更されます。この前提でモノとカネを適切に結びつけて、初めて電力システムは実際の需要と供給のマッチングとして機能するのです。

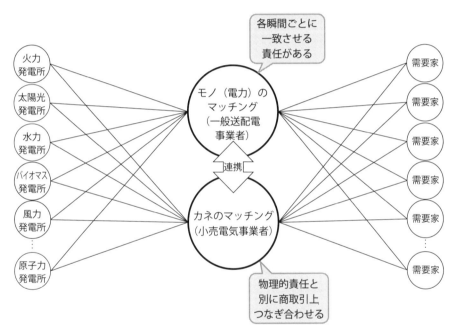

図1-1　需要と供給のマッチング

Point

- 電力システムは需要と供給の瞬時のマッチングが必要
- モノのマッチングとカネのマッチングが連携して運用
- カネのマッチングは市場取引と相対取引で構成

② 現状の発電ポートフォリオ

日本は火力発電が中心だが再生可能エネルギーの勢いが加速

　日本の発電ポートフォリオ（発電構成）は火力が中心で、再生可能エネルギーと原子力が補完する構成です。発電構成は、瞬間的発電能力である発電容量（kW）と、時間経過による累積を表す発電量（kWh）で評価されます。

　日本の発電容量（2022年度）は、火力1億5,140万kW、再生可能エネルギー1億437万kW、原子力3,308万kWとなっています。火力の内訳は、石炭火力5,065万kW、天然ガス火力7,912万kW、石油火力2,162万kWです。また、再生可能エネルギーの内訳は、水力2,180万kW、太陽光7,009万kW、風力529万kW、バイオマス536万kWです（図1-2）。

　発電量（2021年度）は、火力7,527億kWh、再生可能エネルギー2,093億kWh、原子力708億kWhとなっています。火力の内訳としては、石炭火力3,202億kWh、天然ガス火力3,558億kWh、石油火力767億kWhです。また、再生可能エネルギーの内訳としては、水力776億kWh、太陽光861億kWh、風力94億kWh、バイオマス332億kWh、地熱30億kWhとなっています（図1-3）。

　日本では、原子力の稼働率低下により天然ガス、石炭による火力発電の割合が高い状態が続いてきましたが、カーボンニュートラルに向けて火力発電は運営継続のリスクが高いため、九州電力が川内石油火力発電所、苅田LNG火力発電所を廃止、東京電力ホールディングスと中部電力の共同出資会社JERAが9基の石油火力発電を廃止するなど、老朽化した火力発電からの撤退が進んでいます。

　原子力は規模を拡大していましたが、東日本大震災の福島第一原子力発電所事故を受け、西日本にある関西電力の美浜、大飯、高浜、九州電力の玄海、川内、四国電力の伊方の各原子力発電所が稼働の中心です。今後、東日本の原子力発電所も再稼働されますが、すでに老朽化した発電所の廃炉も進み、大幅な発電量増加が見込みにくい状況にあります。

　東日本大震災後に導入された固定価格買取制度（以下、FITと呼ぶ）により大規模太陽光発電が各地に建設され、太陽光発電は重要性を増しています。

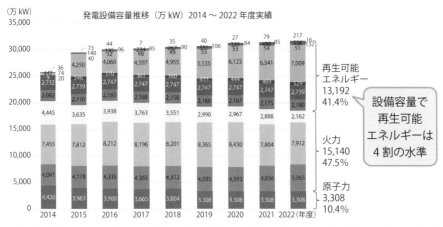

図1-2　日本の種類別の発電設備容量

注：出所の「新エネルギー等」から揚水発電・蓄電池を除外し「再生可能エネルギー」と表記
出所：出所：電力広域的運営推進機関「年次報告書」をもとに作成

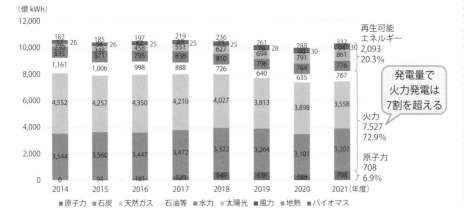

出所：資源エネルギー庁「総合エネルギー統計」をもとに作成

図1-3　日本の種類別の発電量

Point

● 日本の発電ポートフォリオは火力中心の状況が続く
● 再生可能エネルギーの増加の中心は太陽光発電
● 原子力は西日本中心の稼働が続く

③ 2030年の発電ポートフォリオ

2030年に向けて太陽光の次も太陽光

　2050年のカーボンニュートラルに向けて、発電構成は大きく変わります。脱炭素には、再生可能エネルギー・原子力発電などの脱炭素電源の増加、熱の電化（再生可能エネルギー電力活用）、燃料の水素化・バイオマス化、排出されたCO_2の埋設（CCS）や再利用（カーボンリサイクル）といった対策が考えられます。2050年までは、このような対策を工場でも進めなければなりません。

　ただし、比較的短期の2030年に向けても大きな変化が求められます。2030年温室効果ガス排出46％削減の目標を達成しなければならないからです。このために頼れるのは再生可能エネルギー、さらに言えば太陽光発電しかありません。資源エネルギー庁が示している発電ポートフォリオ（エネルギーミックスと呼ばれる）でもCO_2排出削減を進めるために依然として太陽光発電の大量導入が想定されています（図1-4）。そもそも、老朽火力発電は発電効率が悪く、CO_2排出の観点から更新も容易ではないため廃止が相次いでいます。火力発電の新規投資を促す政策も取られていますが、火力発電も思いのほか維持できない可能性があるのです。

　太陽光発電はメガソーラー（大規模発電）が中心でしたが、広大な空き地、送電線への接続しやすさの観点から適地が枯渇しつつあり、耕作放棄地への一部設置、屋根置き太陽光発電の増加が見込まれています。資源エネルギー庁は2024年度から10kW以上の屋根置き太陽光発電の買取価格を2割程度引き上げ、普及を促しています。

　高度経済成長時代を支えた水力発電、ダム建設が頭打ちとなる中で、大型の水力発電は発電量が定常状態にあります。ただし、昼も夜もなく発電できる水力発電の期待は大きく、既存の水系沿いにダムを利用しない形で流れ込み式の中小水力発電は、地道に導入拡大が図られています。治水ダム（多目的ダムを含む）での水力発電も期待されています。国土交通省のハイブリッドダム政策により、これまで進んでいなかった水力発電の拡大が期待されます。その他にも、バイオマス発電、地熱発電など再生可能エネルギーの比率は高まる見込みです。

　風力発電は陸上風力がそのほとんどを占めますが、欧州や中国を追いかけるように、日本でも洋上風力の建設が見込まれています。ただし、洋上風力の稼働は2030年以降となるため、2030年に間に合いません。

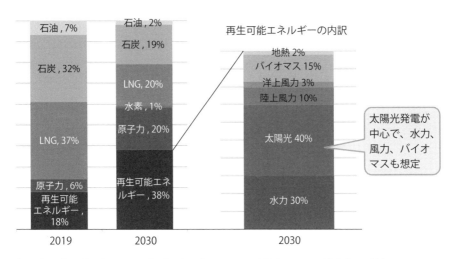

注：エネルギー需給見通しでは、再生可能エネルギー36〜38％、原子力20〜22％と幅を持って想定
出所：資源エネルギー庁「2030年度におけるエネルギー需給の見通し」をもとに作成

図1-4　2030年の発電構成

Point

● 2030年の発電ポートフォリオは再生可能エネルギーの存在感が増す
● 再生可能エネルギーの増加の中心はやはり太陽光発電
● バイオマス発電や水力発電の維持拡大が変動要素

④ 電力の蓄電システムの変化

太陽光発電の大量導入で焦点は「蓄電池」

電力は、瞬時の需要と供給の一致が不可欠です。そのため、安定的に発電し続ける原子力発電や石炭火力発電とともに、発電出力を柔軟に調整できる天然ガス火力発電により需要に合わせて発電制御を行ってきました。

しかし、大規模太陽光発電の増加により、冷暖房を使わなくて済む春や秋に減少する電力需要に対して、昼間に供給量が余る現象が起きています。特に太陽光発電の導入割合が最も大きい九州では、太陽光発電の電力供給を停止する出力抑制が日常化しています。

ここで求められるのが蓄電システムです。

日本で最も利用されてきた蓄電システムは揚水発電です。下池の水を上池に電力を使ってくみ上げ、必要なタイミングで落水させ、発電を行うことで電力を供給する仕組みです。24時間稼働で運転し、夜間に余る原子力発電の電力を蓄電することに用いられていました。太陽光発電が増えてから、昼間に余剰になっている電力を蓄電しています。九州電力は揚水発電を用いて太陽光発電の電力を蓄電していますが、それでも余剰電力が発生し、太陽光発電からの電力供給を停止させています。

したがって、他の蓄電システムも必要です。大規模な土地があり、石油掘削などによる空洞も数多い米国では、電力を用いて空気を圧縮させておき、そのエネルギーを用いて必要なときに発電を行う蓄電システムもありますが、日本では適度な環境が揃っていません。

そのため、日本が注力しているのが蓄電池です。成熟度の高いNAS電池や鉛電池、反応速度の高いリチウムイオン電池などがあります（表1-1）。太陽光発電の昼間の大量の余剰電力発生や北海道での風力発電の余剰電力の発生を受けて、送配電網に直接接続し、需給調整に用いる系統用蓄電池への政策的支援が拡充されています。

蓄電池の課題はコストです。導入量が上がっていけば、コストは低下すると想定されます。特に、リチウムイオン電池は電気自動車にも用いられるため、相乗

効果でコスト低下が期待されます。コロナ禍でのサプライチェーンの供給途絶で資源価格が高騰し、蓄電池価格が一時的に急騰しましたが、その後、蓄電池の価格は落ち着いています。

表1-1　各蓄電システムのメリット・デメリット

蓄電システム		優位点	課題
名称	仕組み/特徴		
揚水発電	下池から上池に電力を用いてポンプで水をくみ上げ、必要時に水を落下させて発電	○高い技術成熟度 ○大規模蓄電が可能	○貯水池の確保 ○土木建設工事コスト
圧縮空気	電力により空気を圧縮し、必要なときに空気を膨張させてタービンを回して発電（必要に応じて液化）	○技術がシンプルで扱いやすい	○石油掘削後の地下空間か貯蔵用タンク建設で貯蔵空間の確保
鉛電池	負極に鉛、正極に二酸化鉛（酸素＋鉛）、電解液に希硫酸を使用	○技術成熟度が高く低コスト ○非常用電力貯蔵に適合	○毒性のある材料を用いる
NAS電池	負極にナトリウム、正極に硫黄、電解質にファインセラミックスを用いて硫黄とナトリウムイオンの化学反応	○高い技術成熟度 ○高エネルギー密度 ○発電・小売の大容量の貯蔵に適合	○高温調整の必要 ○廃棄物が危険物扱い
レドックスフロー電池	電解液に硫酸バナジウムを使用し、ポンプで電解液を循環させることで発電	○電極や電解液が劣化しにくい ○発電・小売の大容量の貯蔵に適合	○出力を出すために大型化が必要 ○低エネルギー密度
リチウムイオン電池	正極にリチウムなど、負極に炭素材料など、電解液にリチウム電解質塩を溶かした有機溶媒を使用	○大電流充放電（高速充放電）が可能 ○需給調整に有効	○液体状のため爆発性がある ○コストが高い
全固体電池	リチウムイオン電池と同じ正極・負極を持ち、酸化物系の固体電解質を使用	○固体のため爆発性が低い ○高エネルギー密度	○電池容量の低下、劣化しやすいなどの技術的課題

Point

● 水力の豊富な日本で電力システムを支えてきたのは揚水発電
● 再生可能エネルギーの増加で蓄電池の重要性が高まる
● 蓄電池の課題はコスト。それを解消する技術開発と事業モデルの開発が不可欠

⑤ 海外からの燃料調達

日本は燃料調達のほぼ全量を海外からの輸入に頼る

　日本は原油のみならず、火力発電の主要燃料であるLNG（液化天然ガス）、石炭のほぼすべてを海外から輸入しています。

　日本の輸入は、石炭の約2/3、LNGの1/3など輸送距離が比較的短く、友好関係にあるオーストラリアへの依存度が高いのが特徴です。LNGは、中東から約15.5％（2021年度）、ロシアから8.8％（2021年度）を輸入し、石炭はロシアから11％（2021年度）を輸入していますが、中東依存度が91.9％に達する原油に比べると、発電燃料の海外調達リスク自体は抑えられています（**図1-5**）。

　ただし、化石燃料価格は市場で決まるため、国際動向により燃料価格が高騰するリスクがあります。2022年のロシアによるウクライナ侵攻で実感した人も多いでしょう。ロシアからパイプラインでの天然ガス供給を絞られた欧州は、オーストラリアを含む世界各国でLNG確保に動きました。そうすると、欧州の状況が日本のLNG価格に影響を与えます。国際動向が日本のLNG調達価格に影響を与えるわけです。

　日本の化石燃料価格は円安で引き起こされている面もあります（**図1-6**）。ドルベースで取引される天然ガスや石炭の価格に対し、日本での利用の場合、円安リスクにも気をつけなければなりません。日銀が大量の国債を保有する状況では、量的緩和は容易に終了できません。したがって、日本では金利が急激に上がらない状況です。結果として、他国通貨に比べて買われることが少ないため、円安傾向が続く可能性があります。そうなると、天然ガスや石炭の価格も下落しにくくなります。

　もちろん、その反対もあり得ます。天然ガスや石炭の価格が極端に低下するかもしれません。国際情勢が安定したり、OPECプラスなど産ガス国が増産したり、円高に振れた場合、天然ガスや石炭の価格は急落するかもしれないのです。

　いずれにしろ、変動の大きくなる燃料価格や電力価格を見極める目が必要で、将来動向を定常的に注視しなければなりません。

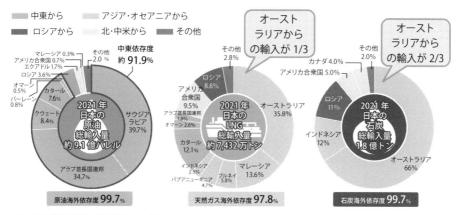

出典：財務省貿易統計（海外依存度は総合エネルギー統計より、年度ベース）

図1-5　日本の化石燃料輸入先（2021年度）

出所：財務省貿易統計公表の概況品別表、日本銀行外国為替相場状況（月次）をもとに日本総研作成

図1-6　LNG輸入単価・円ドルレート推移

Point

- 日本はオーストラリアの石炭と天然ガスへ高い依存
- ロシアの石炭とLNGへの依存度は10％前後で、リスクは欧州に比べると限定的
- 安定調達ではなく、国際市場の価格高騰が日本にとっては問題

6 張り巡らされる送配電網

日本全国は1つのネットワークでつながるものの目詰まりがある

電力システムは、超高圧、特別高圧、高圧、低圧という電圧レベルでクラス分けされた送配電網で構成されています。

送配電設備は、大容量の電力を長距離で運ぶ送電線と、各地の需要家に電力を分配する配電線から構成されています。電圧レベルは10の旧一般電気事業者のエリアごとに異なっていますが、基幹送電線は超高圧の50万kV（あるいは27.5万kVなどの1つ低い電圧レベル）、特別高圧は通常6.6万kVまでを指し、高圧は6,600V、低圧は100〜200Vの電圧となっています（図1-7、図1-8）。

100万kW規模の原子力発電所や火力発電所の電力は、多くの需要家向けの大容量の電力をまとめて送電するため比較的長距離の送電を行います。したがって、電気抵抗により電力損失を発生させないように、電流値を下げて送電するため、超高圧の送電線に接続されています。超高圧の電力は超高圧変電所で、15.4万Vの電圧に降圧して鉄道や大規模工場に送電されます。さらに、一次変電所で6.6万Vの電圧に降圧され、多くの工場に送電されます。ここでは、数万kWレベルの比較的大規模の地熱発電やバイオマス発電、風力発電が接続されます。

中間変電所で2.2万Vを経由することもありますが、基本的には配電用変電所で6,600Vの電圧に降圧され、高圧電線として多くの工場や大規模オフィスビルに送電されます。太陽光発電の多くもここに接続されています。

柱上変圧器で6,600Vから100〜200Vの電圧に降圧され、低圧配電として小型のビルや住宅に電力が供給されています。

沖縄を除くエリアでは1つの送配電網でつながっているため、どこからどこへでも電力を送れますが、部分的に目詰まりがあります。東日本が50Hzで西日本が60Hzと周波数が異なるため、静岡県浜松市の佐久間周波数変換所、2021年に運転開始した岐阜県飛騨市の飛騨周波数変換所で東京電力エリアと中部電力エリアを接続しています。物理的な送電の制約がエリアごとの電力価格に違いを生むことに注意しておくことが必要です。

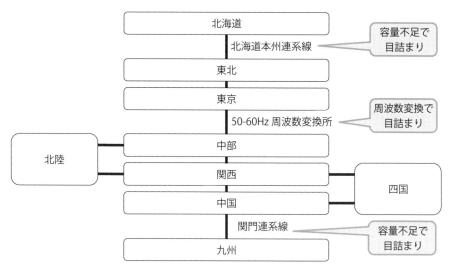

図1-7　全国送電ネットワーク簡略図

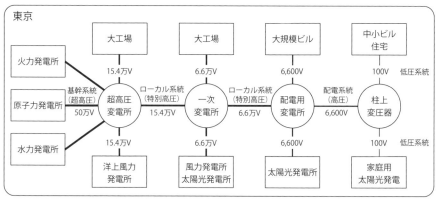

注：電圧は例示。実際の数値は各エリアの一般送配電事業者ごとに仕様が異なる
　　一次変電所と配電用変電所の間には中間変電所で中継される場合もある
　　接続される発電所の種類は例示。発電所の規模で他の電圧レベルに接続されることもある

図1-8　東京エリアの簡略図

Point

● 火力、原子力の大規模発電所からの電力を電圧を落としながら需要家に届ける

● 九州、北海道と本州の連系線の容量制約、東西で異なる周波数で目詰まり

● 市場価格が異なる9つのエリアごとに管理されている

1-1 変わる電力システム

⑦ 重要性増す電力取引市場

電力自由化進展で電力価格が時間ごとに変化する

　東日本大震災後の電力システム改革により、電力自由化が加速したものの、2020年の発送電分離でひと段落着いた状態です。一方、個別企業の資産にまで踏み込む発送電分離政策と違い、電力取引市場改革は順調に進められてきました。

　電力は、商品に色のないコモディティ（画一的商品）です。コモディティは市場を通じた取引が行いやすく、金融商品化します。かつて電力関係者は市場取引にアレルギーがありましたが、世代交代とともに意識も変化してきました。結果として、電力は取引所機能が充実し、市場取引の割合が増しています（**図1-9**）。

　電力取引市場の中心は、日本卸電力取引所（JEPX：Japan Electricity Power eXchange）であり、1日前市場、時間前市場の取引が行われています。電力取引市場は、1日前市場と前日17時から当日の1時間前までの時間前市場が開かれています。1日前市場が市場取引の中心であり、不足分として時間前市場を活用することも可能です。

　工場への影響は、小売電気事業者が保有する発電コストだけでなく、市場取引も含めて電力価格が決まり、時間ごとの電力価格を意識しないといけないことです。工場は、小売電気事業者から電力を購入しますが、小売電気事業者は自社で発電設備を持って電力を供給するだけでなく、他の発電事業者から電力を調達すると同時に、電力取引市場から電力を購入しています。かつて電力需要に対して1％程度しかなかった卸電力取引所経由の取引は、旧一般電気事業者の取引所経由の調達規定や自社発電所を持たない新電力の増加のため、卸電力取引所経由で4割の電力調達が行われるようになっています（**図1-10**）。今後、旧一般電気事業者が社内取引も含めて市場で売買する義務（グロス・ビディング制度）が、見直されるため、この割合は低下する可能性はあるものの、電力取引所経由での取引の重要性は増しています。

　近年、燃料や再生可能エネルギーの増加により、ボラティリティ（価格変動の度合）が高まっています。このボラティリティ回避のため、東京商品取引所で電力の先物取引市場が開設されました。また、思わぬ変動に対応する需給調整市場

も開設されました。現状は、15分程度で反動する三次市場までの開設ですが、今後二次調整市場、一次調整市場へと展開される予定です。

主催者	市場類型	最終調整タイミング	活用目的	取引単位	価格決定方式
TOCOM 東京商品先物取引所	先物市場	1カ月前	・将来の価格のリスク回避に活用する市場	ベースロード：100kW×24h×暦日数 日中ロード：100kW×12h×平日数	スポット市場参照
JEPX 卸電力取引所	先渡市場	3日前	・長期的な電力調達リスクを回避するための現物取引市場	年間・月間・週間 全日24時間型・平日昼間型 1,000kW	ザラバ取引
	スポット市場	1日前	・現物取引の中心市場	30分 100kW	シングルプライスオークション
	時間前市場	1時間前	・計画との差分（インバランス）回避のため、過不足分の調整を行う市場	30分 100kW	ザラバ取引
一般送配電事業者	需給調整市場	45分以内	・一般送配電事業者が需給調整を行うための市場	一次から三次①は3時間 三次②は30分	マルチプライスオークション

> JEPXの現物取引、特にスポット市場が取引の中心

図1-9　電力取引市場の概要

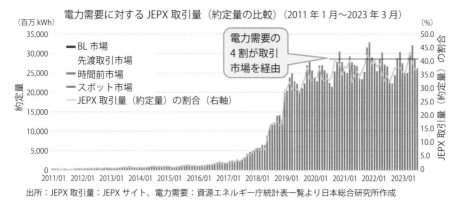

電力需要に対するJEPX取引量（約定量の比較）（2011年1月～2023年3月）

> 電力需要の4割が取引市場を経由

出所：JEPX取引量：JEPXサイト、電力需要：資源エネルギー庁統計表一覧より日本総合研究所作成

図1-10　電力取引市場の取引ボリューム

Point

● 電力取引市場改革は、政策当局として進めやすい政策であり着々と進展

● コモディティである電力は市場になじみやすく、今後もさらに進化

● 自然任せの電力調達で、市場は高いボラティリティが常態化

供給および需要計画の実情

需給マッチングは発電、小売、需要家にも課せられる

　旧一般電気事業者（大手10電力会社）がエリアごとに発電・送配電、小売のすべての機能を担う垂直一貫統合型で運用されていた電力システムは大きく変化しました。多数の事業者が参画し、変動しやすい再生可能エネルギーの導入が進み、電力取引市場をベースにした透明性のある取引が求められています。

　電力の需給マッチングを安定してこなすには、発電が予想通り行われ、需要が予想通り行われるのが前提です。そのため、発電事業者と電気小売事業者には、発電と需要に関わる事前の計画提出、および遵守が求められています。発電電気事業者は発電・販売計画を、小売電気事業者は需要計画を前日12時までに提出します。そしてこれは、当日の1時間前の締切までに変更が可能です。需要を扱う主体として、小売電気事業者にも計画策定とその遵守の義務が課せられています（計画値同時同量制度）。小売電気事業者は前日までに需要量と、それに対する発電量を30分単位で報告する義務があります。したがって、1日前、1時間前は一つの区切りとなるわけです。需給マッチングの最終責任者は一般送配電事業者であり、一般送配電事業者のルールを定める電力広域的運営推進機関（OCCTO）に対して報告されます（**図1-11**）。

　1時間前になり、需要や供給が計画通りにいかないことが判明してきた場合、一般送配電事業者が過不足を直前まで調整します。計画通りに発電や需要を運用できない事業者は、過不足分をインバランス料金に基づいて精算処理を行います（**図1-12**）。一般送配電事業者は自分だけでは調整できないため、発電事業者や小売電気事業者などに調整用の発電や節電を事前に依頼する場合があります。これが需給調整市場の役割です。

　需要家は、どのような時間軸で電力システムが運用されているのかについて理解し、その対応の可否を自社のオペレーションと照らし合わせて考えていく必要があります。

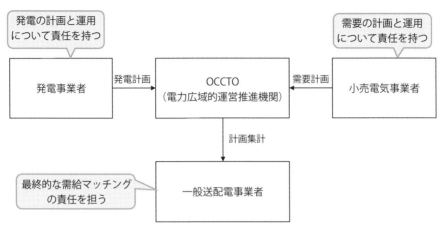

図1-11　計画値同時同量の報告の流れ

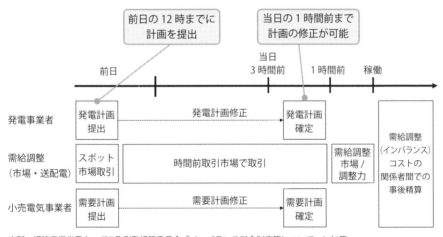

出所：経済産業省電力・ガス取引監視等委員会「インバランス料金制度等について」に加筆
https://www.emsc.meti.go.jp/info/public/pdf/20220117001b.pdf

図1-12　計画値同時同量の実施プロセス

Point

● 電気事業者が増加し、需給マッチングが分散化
● 一般送配電事業者が発電事業者や小売事業者とのやり取りで調整を実行
● 需要家も自己託送など送配電網を活用するスキームでは義務が発生

⑨ 多様化する電気事業者

電力システムは多くの事業者の参加でサービスは多様化

　電気事業は、大きく分けると電気を作る発電、電気を運ぶ送配電、需要家に電気を販売する小売の3つの機能からなります（図1-13）。それぞれの機能を担う電気事業者がどのようなルールに基づいて事業に携わるかが、電気事業法に定められています。

　発電事業には多数の参入者が存在します。火力発電には化石燃料を用いている素材企業などが参入し、太陽光発電には事業における専門性がそれほど高くないことや、政策による安心感からファンド投資家、メーカー、不動産会社などエネルギー業界以外から多数の参入者が見られます。

　送配電事業は、旧一般電気事業者の送配電部門が別法人化された「一般送配電事業者」により運用されています。沖縄を除く9つのエリアは送配電網が互いに連系し、一般送配電事業者同士で電力のやり取りをしています。その事業者間の連携を担っているのが電力広域的運営推進機関（OCCTO）です。そのほか特定のエリアで送配電を行う特定送配電事業、特定供給、配電事業といった事業が想定されています。特定送配電事業は、例えば六本木ヒルズのように新規開発の時点で、電線整備の段階からエリアに限定した事業として実施されます。あるいは一需要家のエリアを拡張した北九州市八幡東田地区で、日本製鉄が需要家として取り組んだ特定供給という形態もあります。2022年4月に導入された配電事業は、企業が一般送配電事業者から送電線を借り受けたり購入したりし、エリアに限定して送配電を行うものです。

　小売事業は、需要家の電力調達の役割を担ってくれる事業者です。需要家が最も多く接点を持つ電気事業者となります。小売電気事業者の登録は、2023年9月8日時点で732社です。そのうち600社以上が工場での対象となる高圧契約を行っています。旧一般電気事業者、都市ガスや石油などの大手エネルギー会社、通信会社、再生可能エネルギー発電事業者、地域新電力などが参入しています。

　さらに、上記の事業者間の連携を円滑にする存在として、特定卸供給事業者、いわゆるアグリゲーター（群管理事業者）やVPP（Virtual Power Plant）事業

者と呼ばれる事業者が設置されています。小口の発電設備や蓄電設備を連携させて、需給マッチングを行う役割を担います。この事業には旧一般電気事業者をはじめ、エネルギー会社やシステム会社などの参入しています。工場にとっては小売電気事業者との契約が中心でしたが、今後は発電事業者や特定卸供給事業者との関係も考えていくことが大切です。

※1　一部のエリアで送電事業者、特定エリアの送配電を担う特定送配電事業、配電事業、特定供給という形態も存在
※2　電気事業法に基づく認可法人で、長期方針・広域系統整備計画を策定して系統アクセス業務を審査

図1-13　電気事業を担う主な電気事業者/取引所

Point

● 電力自由化で多くの事業者が参入し、サービスが多様化
● 小売電気事業者は700社を超えるが、破綻する例も散見される
● 今後はアグリゲーター、VPPと呼ばれる特定卸供給事業者に注目

⑩旧一般電気事業者の現状

一般電気事業者は発送電分離で組織体制が一新

　かつて送配電網でつながる9つの電力会社と沖縄電力が一般電気事業者と呼ばれ、垂直一貫統合体制による電力供給を担っていました。戦時体制の中、電力会社が国有化され一極集中体制であったものを、地域ごとに分割したことから始まっています。戦前、戦後に活躍した松永安左エ門が戦後の電気事業体制を整え、そのことで安定的な電力システムの建設と運営が実現されました。

　一方、ある程度電力システムの構築ができ上がると、競争構造によるコスト削減や新たな事業アイデアが必要になります。1995年の発電事業自由化を出発点に、2000年の特別高圧の小売自由化、2005年に高圧の小売自由化が行われました。東日本大震災後には多様な電力供給方法が模索される中、低圧の小売自由化が2016年に実施されました。

　2020年には、電力システムの根幹を担う送配電事業の中立性を高めるため、発送電分離が断行され、10大電力会社の送配電部門が別会社化されています。中でも国有化され、電力システム改革の先導役を担うことになった東京電力は、先行して組織改革を行い、燃料・発電会社のJERAを中部電力と共同で立ち上げて燃料部門と発電部門を分離しました。JERAは天然ガスなど化石燃料の調達量が倍近くなったため、大手石油ガスメジャーへの価格交渉力が増し、大幅なディスカウントを勝ち取り、組織改編の成功モデルとも言われました。また、送配電部門の東京電力パワーグリッド、小売部門の東京電力エナジーパートナーもそれぞれ別会社化しています（**図1-14**）。東京電力とJERAを設立した中部電力は、東京電力と類似した組織形態に移行しています。発電事業と切り離された小売事業はより需要家接点を重視するようになり、積極的に新規事業の展開を進めています。

　燃料・発電会社は、海外から低コストの燃料を調達し、発電規模の拡大により低コストの電力を提供するのが役割です。送配電会社は、中立性をもって自由化された発電部門、小売部門のプレーヤーの要望に応えて電力を供給しなければなりません。電力・ガス取引監視等委員会から一般送配電事業者の情報を小売部門

の社員が閲覧したとのことで問題となりました。情報遮断は、電力業界の構造を変えるほどのインパクトを持つことになります。

　小売電気事業者は、発電部門から分離されたことでサービス事業による付加価値化を追求しています。したがって、工場における省エネ支援、家庭向けのポイントサービスなどを行うようになったのです。

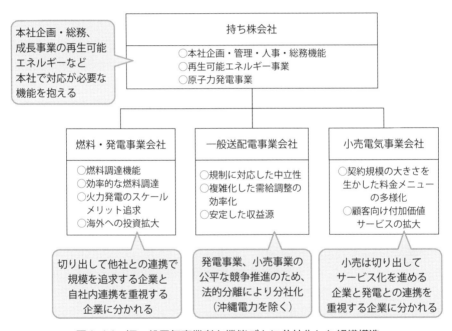

図1-14　旧一般電気事業者を機能ごとに分社化した組織構造

Point

● 発送電分離で一般送配電事業者を別会社化した影響は絶大
● 発電コストや発電の種類で発電事業は差別化
● 小売事業はボラティリティの高まる中、利ザヤが大きく変動

⑪ 自家発電の範囲が拡大（自己託送制度）

自己託送は工場敷地外での再生可能エネルギー調達を後押し

工場が敷地内に自家発電を建設し、電力を確保することはこれまでも多く見られました。特に製造プロセスで石炭など燃料を用いて熱を使う工場は、自家発電も行い、電気と熱の効率利用を進めてきました。

燃料費高騰をきっかけに、再生可能エネルギーの自家発電への関心が高まっていますが、一般的に電力需要の大きい工場にとって自社の工場敷地や工場屋根は小さすぎます。そのため、敷地外に再生可能エネルギーを設置したいという意向が高まってきました。

そこで役に立つ制度が自己託送制度です。1つの工場や倉庫に太陽光発電を設置し、余剰電力を他の工場に送電（自己託送）すれば、自家発電の電力を有効に利用できます。自己託送制度は、複数の工場を所有する企業が、工場間の送電を一般送配電事業者が所有する送電線を活用できる制度で、2013年に制度化されました。近年は、自社の工場敷地外に新たに建設した太陽光発電所の電力を、自社の工場に送電する事例が増えています。

自己託送のメリットは、工場敷地内にこだわらず再生可能エネルギー発電設備を建設できることです。自家発電のため再生可能エネルギー発電促進賦課金を支払うことなく、自社の再生可能エネルギーを利用できるようになります（表1-2）。

一方、自己託送のデメリットは特別高圧・高圧に限られ、送電コストの負担も発生する点です。また送配電網を利用するため、計画値同時同量という発電と需要の提出、そして、その遵守が求められます。自己託送では送配電網を利用するため、電力システムの需給マッチングに貢献しないといけないのです。したがって、電力広域的運営推進機関に発電事業者と同様に再生可能エネルギーの発電量と、小売電気事業者と同様に工場の需要について報告を行います（図1-15）。

自己託送において、発電所と電力使用工場との間に「密接な関係」が必要とされています。「密接な関係」とは、会社法が規定する親会社と子会社の関係、過半数の役員の派遣がなされている関係、一方の企業の提供する原材料、製品、役務の提供が代替困難なほど長期にわたり継続的に行われ、一つの企業と見なし得

る関係などが対象です。また、両者が組合を組成している場合は「密接な関係」があると見なされます。組合とは、有限責任事業組合（LLP）など民法第667条に規定される組合やその他法人格を有さない組合などが対象となります。

　再生可能エネルギー発電促進賦課金が将来なくなるとすれば、自己託送が制度としてどこまで魅力的なものかは、発電設備を自社で確保する観点からも自家発電を外部に拡げる動きは続くでしょう。

表1-2　自家発電の立地による違い

	工場敷地内	工場敷地外 （自己託送）
再生可能エネルギー発電促進賦課金	無	無
託送料	無	有
インバランス料金	無	有

注：自家発電のインバランス料金は小売電気事業者の責任のため「無」と表記

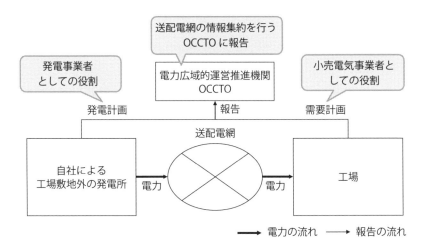

図1-15　自己託送の報告の流れ

Point

● 電力料金の高騰で太陽光発電の自家発電に関心が集中
● 自己託送制度を活用した工場敷地外での自家発電への取り組みが拡大
● 組合形式により自社の負担軽減も可能に

⑫ 進む自己託送の太陽光自家発電

自己託送の支援やサービスの拡大で導入が加速

　2013年に開始された自己託送制度により、工場敷地外の発電所の電力を、送配電網を通じて自社工場へ送電できるようになっています。

　当初はFITを活用した売電の魅力が勝っていたため、FIT対象でない太陽光発電の自己託送はそれほど普及しませんでした。そこへFITの買取価格の下落、近年の太陽光発電コストの低下、燃料価格の高騰が要因となり、関心が高まっています。

　当初導入に積極的だったのが「再生可能エネルギー100％化にコミットする協働イニシアティブ（RE100）」に参加する企業です。敷地や屋根の面積が限られるため、数千kWと工場にとっては小規模ですが、太陽光発電の導入を進めています。FIT制度の適用を受けた発電所は環境価値（CO_2排出ゼロの権利）がないとの扱いのため、実質的に再生可能エネルギーの調達ができないことが背景にあります。

　報告義務が発生することの手続きについては、電気事業者との協働で対応しています（**図1-16**）。例えば、ソニーは2019年に東京電力エナジーパートナーの協力を得て、再生可能エネルギー電力100％を目指して自己託送による太陽光発電を導入しました。RE100を推進するアップルを顧客に持つミネベアミツミもRezilの支援を受けて導入しています。2022年以降もカネカ（大阪ガスが支援）、東武鉄道（出光興産が支援）など自己託送による太陽光発電導入は継続されました。

　2021年には自己託送制度で事業者と組合を作ることで、自己託送ができるようになったため、その利用のハードルが格段に下がっています。小売電気事業者も支援体制を整えてきました。自家発電扱いのため、再生可能エネルギー発電促進賦課金の支払いがないメリットがあります。当初は脱炭素への取り組みの意味合いが強かったのですが、化石燃料価格の上昇で電力コストの観点でもメリットが出ています。

　小売電気事業者だけでなく、システムサービスを提供する企業もあります。需

要家が煩雑な発電や需要のデータを取得して報告を行ったり、CO_2排出削減量の策定を行ったりするところを、自動で実施してくれるシステムを提供してくれます。例えば日新電機は、このようなエネルギーマネジメントシステムの販売を2020年に開始しています。

　工場は小売電気料金の変動リスクを感じているため、太陽光発電による電気料金の固定費化を望んでいます。RE100の動きと相まって自己託送の活用はさらに増える傾向にあります。

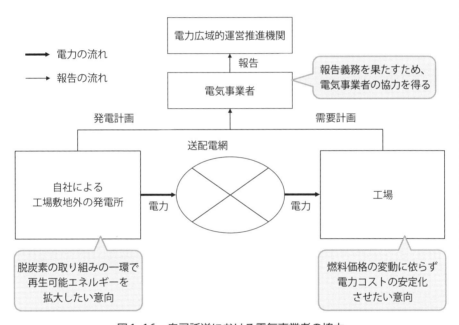

図1-16　自己託送における電気事業者の協力

Point

● 当初はRE100企業が積極的に自己託送を活用
● 自己託送の事例は2021年の制度改正から増加
● 実績やシステム基盤整備が進展し、自己託送は工場にとっての当たり前のツールに

エンロンの残したもの

　テキサス州ヒューストンに、1990年代に隆盛を極めたエンロンというエネルギー会社がありました。この会社は2001年に破綻しています。エンロンの会計不正が原因で会計事務所アンダーセンの消滅につながったため、ご存じの方もおられるかもしれません。エンロンは売上の急成長を作り出すため、リスクを簿外のSPC（特別目的会社）に移転する会計操作を行っていました。会計操作の発覚で、日本の民事再生法に近いチャプター11を申請するに至ったのです。エネルギー業界の歴史に残る汚点と言えます。

　しかし、エンロンが残したものもあります。電力に金融技術を組み合わせるビジネスモデルです。エンロンは数学者を雇い入れ、金融的なリスク管理モデルを導入していました。筆者も講義を受けたことがあるエンロンの商品開発者は、いたって真面目に価格変動リスクとそのリスク管理を研究している数学者でした。物理的なガス火力発電所を所有しているのと同じ状態を、金融取引だけで構築する金融モデルに衝撃を受けた記憶があります。

　当時、多くの欧米エネルギー会社がエンロンモデルに影響を受けていました。コモディティ（画一的商品）である電力は、自由化された世界では市場取引的な要素は不可欠となります。多かれ少なかれ、現在の欧米や日本の電力事業は金融市場の要素を取り入れています。

　エンロンのもたらした電力を金融の観点から捉える視点はその後も重要性を増しており、その影響は生き続けているのです。

第 **2** 章

工場での
電気の使い方

⑬ 電力との相関性が高い動力

金属・プラスチックの部品加工や製品製造に動力は不可欠

　工場のエネルギー利用の主だったものは動力、空調・照明、熱です。動力は電子部品、機械、プラスチック製品、ゴムといった電機・自動車など最終製品や最終製品に近い部品を加工したり組み立てたりする工場で回転や圧力を与え、工場稼働の基盤です。原動機の活用はあり得ますが、電動化が進んでいる分野でもあり、電力使用の割合が非常に高くなっています。

　動力は、原料・部品・製品など「固体」を移動させたり、熱供給の温水・冷水、洗浄水、その他の「液体」を循環・押し出ししたり、空気や水素などの「気体」を移動・圧出したりする「動かす力」です。固体を移動させるベルトコンベアなどの搬送機器や仕掛品を、別の製造場所に移送する運搬車の駆動として「モーター」や、液体を押し上げたり、加速させたり圧出したりする「ポンプ」、空気を循環させる「送風機」、冷却や潤滑、油圧などの機能を維持するための「ファン」、空気を力強く吹きつける「コンプレッサー」が使われます（表2-1）。

　動力は、原料・部品・製品の動きとの相関が強く、生産に密接に関係します。工場が稼働していると動力のエネルギー消費は高まり、生産が停止すると消費が急減します。

　一方で、動いていない生産ラインで次の生産開始まで、コンベアや冷却ファン、ポンプなどが運転状態で待機している場合があり、電力が無駄に使われ、電力コストの固定費を上げています。生産ラインの稼働に合わせて、不必要な機器の稼働をこまめに人が止めたり、自動制御したりすることで省エネを図ることが必要です（図2-1）。

　工場で使用する電力の単価が時間帯で異なり、単価の高い時間帯に生産ラインを止めているのであれば、電力の稼働は最小限にしたいところです。このスイッチオン・オフのメリハリを高めることにより、電力コストの削減効果が高まります。電力を使用することが問題であれば、燃料の動力も一定程度残す組み合わせも必要かもしれません。

　生産ラインを細かく管理し、そもそも電力の使用量を減らす省エネと、電力価

格の高い時間帯に細かく電力使用を止めることは関連性が高く、管理・制御の仕組みが重要な領域です。

表2-1　工場稼働の基盤となる動力

対象	利用設備	使用方法	設備
固体 （原料・部品・製品）	○生産ライン ○生産ライン間	○原料・製品などモノの搬送	○コンベア ○フォークリフト
液体 （原料・水・油）	○生産設備 ○付帯設備	○液体の原料・製品の搬送 ○冷温水の送水	○ポンプ
気体 （空気・窒素・水素・都市ガス）	○付帯設備	○換気 ○エア吹き付け	○送風機（ファン・ブロワー） ○コンプレッサー

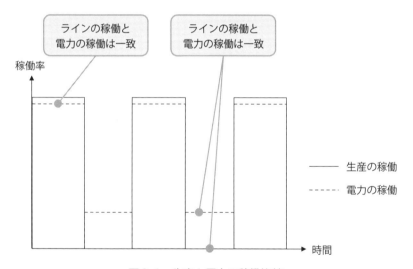

図2-1　生産と電力の稼働比較

Point

● 最終製品に近い工場では動力の利用割合が高い

● 動力は固体、液体、気体を動かす力であり、生産と密接につながる

● 停止しているラインでの待機電力削減は電力コスト削減に直結

⑭ 電気動力設備の活躍の場

電動力設備は電力制御の多様化を進める

電力の特徴は自動制御に適していることです。工場生産を自動制御するため、電化や制御化が進んでいます。電気動力設備はその中心的な存在です。回転をかけたり圧送したりと、基本的には同じような技術がそれぞれの設備で生かされています（表2-2、表2-3）。

電動モーターは電気エネルギーを回転運動に変換する装置で、コンベア、エレベーターなど直接的な動力源となるほか、エアや水、油を圧送するポンプ、ファンなど裏方として多くの役割を担っています。

また、一般的に搬送車両には燃料が用いられますが、電動モーターを用いた電化の動きも始まりました。フォークリフト、自動車・トラックなどの動力・搬送設備として使用されています。豊田織機は2050年までに、全フォークリフトを電動化すると宣言しています。移動用の動力の多くは電動化される方向です。フォークリフトなどの移動用車両や運送用のトラックが電動化されれば、蓄電池の役割を果たすこともできます。

動力用電力の増加に伴い、モーターの高効率化も進められています。このための電動機（モーター）の効率向上やインバーターによる回転数制御を行うインバーター制御などの節電技術が進んでいきました。三相誘導電動機の0.75kW以上、375kW以下についてはトップランナー制度が適用され、モーターの高効率化やインバーターによる運転パターンの最適化が行われています。このような対策による電力コスト節減は多くの工場で実施されています。

ポンプ、送風機、空気圧縮機（コンプレッサー）はいずれもファンや歯車を回転させて、気体や液体を移動させたり、気体を圧縮させたりするメカニズムが働いており、同じような電動制御が適用されることになります。

工場における負荷は、オペレーション規模により変わり得る工場も多くあります。工場負荷の状況に応じて、台数制御により時間ごとに動かすエリアや規模を限定する運用が可能となります。

表2-2　電動モーターの種類

分類	回転構造	用途
直流モーター	巻き線整流子	空調機器、給湯器、光学製品、プリンター、冷凍・冷蔵機器、検査・分析装置など
	永久磁石 （持続的回転）	エアコン、冷凍・冷蔵機器、電動工具など
交流モーター	三相（かご型回転子） 単相（永久磁石）	ポンプ、送風機、圧縮機、金属加工機械 ファン、コンプレッサーなど
ステッピング モーター	永久磁石 （回転角度・速度制御）	製造装置、光学ディスクドライブ、分析機器、複写機、ロボットなど

表2-3　ポンプ・送風機・空気圧縮機（コンプレッサー）の種類

動力方式		電動設備		
		ポンプ	送風機	空気圧縮機
ターボ形	遠心式	渦巻	多翼ファン	遠心式
		ディフューザー	後ろ向き送風機	
	斜流式	斜流	斜流ファン	
	軸流式	軸流	軸流ファン	
			ブロワー	
容積形	往復式	プランジャー	－	オイルフリー式 → ツインスクリュー／スクロール
				給油式 → ツインスクリュー／シングルスクリュー
	回転式	歯車		ドライオイルフリー式 → ツインスクリュー
				水潤滑オイルフリー式 → シングルスクリュー
				給油式 → －
特殊形		噴射	－	－
		過流		

Point

● インバーター制御などモーターの高性能化・省エネ化が進展
● 自動制御の仕組みが整えば、電力のオン・オフの機能が高まる
● 柔軟なオペレーション制御につながると、電力コスト削減が可能となる

15 生産への影響が少ない空調・照明

エリアごとの運転制御により運用の柔軟性を高められる

　空調や照明の分野では近年、気化熱による冷却に必要な空気圧縮のコンプレッサーの回転数制御や照明LED化などの技術進化により、省エネが大幅に進みました。空調や照明装置は、主に人がいる場所で使われます。そのため、照明では人感センサーの設置が拡がり、空調においても人のいる場所を感知した局所的な空調実施のようなことが進み、これも省エネに寄与しています。

　工場の本社ビルや事務棟では、消費エネルギーの2/3程度を空調設備と照明設備が占めています。利用者の快適性への影響がない範囲で、どのように電力使用を抑制できるかがカギを握ります。逆に、快適性を犠牲にしても電力を止めないといけない場合は、空調・照明を一時的に停止することは可能です。一時的に電力消費を抑制したいときに対応しやすい分野です。空調負荷が大きい建物では、一部の負荷低減であっても効果が大きくなります。

　セントラル空調方式の建物全体を冷暖房する仕組みの非効率さを改善するため、複数台の室外機や室内機を設置して稼働を調整できるエアコンが開発されました。日本人の細かくスイッチをオン・オフする文化が生きた典型的な製品です。冷暖房するのに必要なのは建物全体でなく、局所的に時間ごとにそのニーズは多様化しており、そのニーズに柔軟に対応する目的で商品が発達しているのです（**図2-2**）。

　ビル用マルチエアコンを用いることで室内機の稼働を台数制御し、設定温度に応じて自動制御することができます。電力負荷をコントロールできる空調制御機能が商品化されています。室外ユニットの稼働を一時的に落としたり、室温の設定を一時的に上げたりするような対策により、快適性を著しく落とすことなく、電力負荷を下げることが可能です。照明も事務棟と工場現場で点灯する時間や照度を変えるほか、スペースごとに区切ることも実現できます。時間ごとに消費量を柔軟に変えられる空調と省エネの、時間と量のオペレーションができる準備が整っていることになります。

　また、氷蓄熱システムは電力を用いて蓄熱槽に製氷し、電力利用を止めた状態

でも氷の熱を利用して冷却を行う仕組みです。このシステムを用いることにより、電力利用の一次的増大を避けることができます。氷蓄熱システムは原子力発電の深夜電力を有効利用するために設置されていましたが、昼間に余剰電力を氷蓄熱することもできます。

　これらの空調設備は当然、リアルタイムで制御できるシステムが備えられています。各エリアの室内温度やその瞬間に利用できる電力の上限により、自動制御できるシステムが備えられ、コントロールが可能になっているわけです。

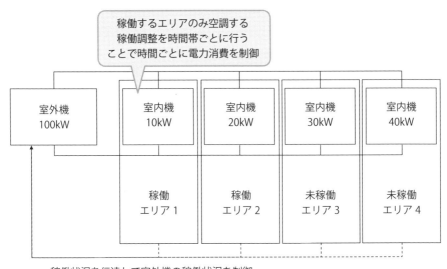

稼働状況を伝達して室外機の稼働状況を制御

図2-2　エリアごとに対応する空調システム

Point

● 空調のマルチ化・制御高度化、照明のLED化・人感センサー化で省エネ進展
● 空調・照明の特徴は一時的に我慢できるところ
● 需要制御が必要なところには大きな改善ポテンシャル

16 熱供給と工業炉への電力利用

化石燃料の直接利用が中心の工場の熱利用にも電化の動き

工場では加温、冷凍、高温熱で大量のエネルギーが必要とされ、燃料の使用が不可欠ですが、近年では電化技術も併用されています（表2-4）。工場では一般的に、加熱・冷却・乾燥という熱を必要とするプロセスがあり、重油や天然ガスを燃焼させるボイラーで生成する蒸気や冷却水による熱供給システムを整備しています。

熱供給システムでは、重油や天然ガスを用いたボイラーによる熱、コージェネレーションによる電気と熱の同時供給、ヒートポンプによる廃熱利用、ターボ冷凍機による冷水の製造、冷温同時利用型ヒートポンプ、蒸気、温水、冷水の熱供給管、蓄熱槽や氷蓄熱などにより熱供給システムが構成されています。蒸気の供給は、全体の配管でボイラーやコージェネレーションの配置と稼働により効率が変わるため、効率化や操業の稼働水準を調整することも可能ですが、安定運転が重視されつつあります。

加熱することで形を変えたり、モノの性質を変えることができるため、材料の溶解、熱処理、表面加工を行う工業炉が、鉄鋼・セメント・ガラス・化学などの素材メーカーや金属加工、プラスチック加工の工場で導入されています。この中で製品製造の最上流に当たる原料を製造する企業は、化石燃料と製造プロセスが一体化しています。石炭を用いたプレヒーターやキルンの焼成による脱炭酸反応が含まれるセメント工場、石炭（コークス）による鉄鉱石に含まれる酸素の還元反応が含まれる高炉製鉄工場のような製造プロセスと燃料を切り離しにくいものがあります。

金属、セラミック、ガラスなどの焼成、溶融など1,000℃以上の高温を必要とするプロセスのため、加熱炉で石炭や重油、天然ガスが使われています。工業炉には、このような燃焼炉と電気を活用した電気炉があります。燃焼炉は石炭や石油、天然ガスを用い、電気炉は電気を熱源として、抵抗加熱炉や誘導加熱炉、アーク炉などがあります。

工業炉の操業には連続式とバッチ式（製品切り替え式）があります。素材メー

カーは連続生産で少品種大量生産を行っているため、連続式が多く見られますが、電気炉では、バッチ式の形態も見られます。
　熱供給や工業炉は電力の利用が相対的に低い分野ですが、電化が可能な場合、化石燃料コストと電力コストの比較で設備を導入することも出てくるでしょう。

表2-4　工場生産での熱利用

用途分類		設備	エネルギー源	
			化石燃料	電力
加温熱	蒸気	ボイラー	重油・天然ガス	－
	温水	ボイラー	重油・天然ガス	－
		湯沸かし器	天然ガス	電力
冷凍		冷凍機	天然ガス	電力
高温熱（工業炉）	溶解炉	高炉	石炭	－
		燃焼炉	重油・天然ガス	－
		アーク炉	－	アーク放電
		電気炉	－	誘導電流
	加熱炉	圧延・鍛造加熱炉	重油・天然ガス	電力
	熱処理炉	焼入れ・焼戻し・焼なまし・焼ならし	重油・石炭	電力
	乾燥炉	乾燥炉	灯油	電力

Point
● 工場の熱は、大別すると蒸気・温水・冷水の熱供給と加熱炉の2つ
● 熱供給は生産に合わせて連続的な運転が求められることが多い
● 加熱炉は化石燃料の利用が多いが、電気炉の利用も増加

⑰ 電気を利用する熱供給設備

熱供給設備の電化は価格変動への対応が不可欠

　熱は化石燃料を燃焼して得る、という考え方が大きく変わってきました。脱炭素化の中で再生可能エネルギーの活用が技術的に進んできたため、再生可能エネルギーの電力を活用する電化は工場で普及が拡大しつつあるのです（**表**2-5）。

　ヒートポンプ技術は空調用の利用のみならず、廃熱活用などにより省エネ型の熱供給ができることが特徴です。マイナス数十℃からマイナス100℃超の冷凍水の技術も開発されています。

　製鉄業界の場合、現在の高炉による製鉄方式では化石燃料を代替することが難しく、水素還元製鉄の研究開発が行われている段階ですが、実用化にはかなりの時間がかかります。そこでまったく異なる方式として、電気炉を用いる方式に関心が集まっています。スクラップ鉄から棒鋼、H型鋼などの建設用鋼材を中心に製鉄を行ってきた電気炉を用います。電気炉型の製鉄工場ではアーク加熱炉が用いられ、大量の電力消費を行っています。電気炉型は、高温が必要な製造工程で幅広く活用が期待されます。

　1,000℃以上の高温プロセスの場合は電気による代替も難しいと言われ、金属加工では燃焼炉が用いられてきました。今では、金属材料を融点以下の適切な温度調整を行い、焼入れ、焼戻し、焼きなまし、焼きならしなどを行う工程で電気炉の利用が増加しています。電気炉には抵抗加熱式電気炉、真空炉、誘導加熱式電気炉、ロータリーキルン、マイクロ波加熱式電気炉などがあり、金属やセラミックスのような素材を扱う工場で利用されています。

　高熱の温度が必要なところでの電気炉利用は莫大な電力消費になるため、省エネ技術の開発が進められる一方、どのタイミングで操業するかは今後大きな論点になります。

　熱利用で化石燃料を用いてきたのは、高いエネルギー密度があり、エネルギー使用量が多い工場に適していたからです。それを電力で代替しようというのですから、電気炉の電力使用量は他の電力使用と比べて相対的に高くなります。電力のスイッチオン・オフにより電力価格の安いタイミングで生産できるか次第で、

電力コスト削減のオプションが大きく変わってきます。

表2-5　電気による熱利用

電気設備		工場での用途
ヒートポンプ	蒸気ヒートポンプ	殺菌・乾燥・濃縮
	温水ヒートポンプ	加熱・殺菌・洗浄
	ターボ冷凍機	冷却プロセス・空調
	スクリュー冷凍機	冷蔵・冷凍
	二元冷凍機	冷蔵・冷凍
電気炉	アーク炉	スクラップ鉄の熔解
	電気炉	金属の溶解
	加熱炉	鉄の圧延・鍛造
	熱処理炉	金属加工
	乾燥炉	原料の乾燥

Point

● ヒートポンプ活用のできるところでは熱の電気化が進展
● 高温プロセスでも電気炉の導入が拡大
● 熱利用の電化は電力単価変動への対応が不可欠

⑱ 工場のタイプ別の分類

電力コスト削減はどの業種というより操業の柔軟性の有無で決まる

　工場を電力の視点で捉えるとき、どのタイミングで使用電力（kW）のピークを迎えるのか、総電力使用量はどの程度か（kWh）を考えなければなりません。ただ、電力価格の時間変化が大きくなることを考えると、これから電力の観点で重要になるのは操業の柔軟性です。すなわち電力価格に対応して、操業タイミングや稼働水準をどの程度変更できるのかということになります。

　工場は「プロセス生産」と「アセンブリ生産」、「多品種少量生産」と「少品種大量生産」、「連続生産」と「バッチ生産」など連続的に生産されるのか、それぞれの生産のロット（量）がどの程度かで特徴づけられます。この特徴の中で、操業計画に手を加え得るかを把握することが重要です（図2-3）。

　製紙工場のような24時間連続運転する工場は、電力の需要が一定のため、あまり操業の時間や規模を変えることは考えにくいことになります。

　一方、電炉製鉄のようにバッチ処理の工場も操業時間をシフトできます。電炉製鉄で大量の電気を用いるのは、電気炉で黒鉛の電極とスクラップ鉄の間でアーク放電を起こし、酸素を吹き込んで高温の熱を作り、スクラップ鉄を熔解する作業においてです。電気炉内に毎回スクラップを一定量投入し、溶解しては取り出す非連続のバッチ処理です。これは、必ずしも連続して作業する必要はありません。したがって、操業タイミングの柔軟性が高いと判断されます。

　また、工業用の中間体原料を作る化学工場では、稼働率の調整が自動制御によって行われる工場もあります。石油化学プラントのように大量生産を行うのではなく、ある程度柔軟に行えるようになっています。

　工場は、「前工程」「後工程」など複数の工程を持っていることが一般的です。ビール製造の原料加工と醸造、食品製造の材料加工と調理、製造と包装など、どの工場でも工程が分かれます。前工程と後工程は、半製品貯蔵のような形で在庫として保有することで、オペレーションを細かく分けることができます。どの工場も上記で言及した特徴の組合せになっているため、工程の特性に合わせて操業の柔軟性をどの程度確保できるかの検討が必要です。

　時間ごとに変わる電力単価に対応し、全体として使用する電力量は同じだとしても、電力の消費タイミングや消費規模を変えることで、電力コストをコントロールする考えが当たり前になってくると思われます。その際には一時的に電力を蓄電し、価格の調整を工場の操業や快適性の低下でなく、電力の時間移動によって行う方策の検討が必要となるでしょう。

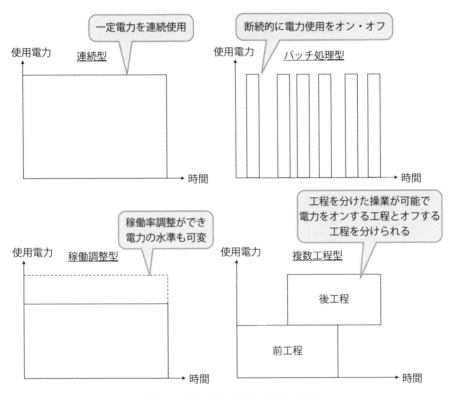

図2-3　電力の観点での工場の分類

Point

● 連続プロセスかバッチプロセスかで作業中断の可否が異なる
● 稼働水準の調整ができるかどうかで電力コストが変化
● 蓄電池を導入するなど工夫が必要

⑲ 24時間操業の製紙工場

操業の柔軟性のない工場では電力消費より自家発電に着目

製紙工場は24時間操業のため、重油・石炭などの化石燃料や電力は、生産に連動して連続的に利用されています。パルプ製造工程や抄紙乾燥工程において大量の蒸気を使用するため、石炭ボイラーで得られる高温高圧蒸気を利用して自家発電を行い、発電後の中低圧蒸気をコージェネレーション（熱電併給システム）で利用しています。

製紙工場では、木材や古紙からパルプ化の工程で繊維のセルロースを取り出し、樹脂のリグニンと分離しています。このリグニンは黒液として回収され、濃縮されてバイオマス燃料としてボイラーによる蒸気生成が常識です。その蒸気を一部活用して発電を行い、工場内の電力を賄っています。燃料については、重油からバイオマスや廃棄物への燃料転換が進んでいますが、工場の廃棄物利用が進めば進むほど連続生産→蒸気→発電の流れが密接につながりを持つため、柔軟なオペレーションが非常に困難です。

2019年度の日本製紙連合会の調査では、自家発電は製紙工場の電力と熱のエネルギー需要の93％を供給（その他購入電力と購入蒸気で7％）し、自家発電の燃料は再生可能エネルギー（黒液・廃材・ペーパースラッジ）と廃棄物燃料で53.7％を占めています（図2-4、図2-5）。

ボイラー燃料の種類も多く、燃料の購入価格も為替などにより変動するため、工場では生産状況や電力・蒸気の価格状況に応じ自家発電を調整して最適運用を行い、エネルギーを無駄なく利用しています。このような24時間連続操業で熱需要の大きい工場では、電力コスト削減のためにできることは自家発電の発電規模拡大が唯一の手段と言ってもいいかもしれません。

製紙工場では、さらなる黒液の自家発電は現実的ではありません。ただ、膨大な木材資源を持つため、バイオマス発電の拡大余地は十分あります。このバイオマス発電を工場内で使うだけでなく、短期的には依然として発電価格の高いバイオマス向けFITの活用、さらにはその電力の外部販売モデルが考えられます。余剰電力を蓄電池で貯蔵する体制を整え、他業態の工場やビルへの電力融通を含

め、自家発電の高度運用が今後必要になるでしょう。

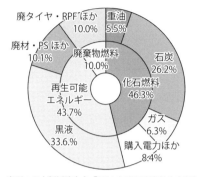

RPF（Refuse derived paper and plastics densified Fuel）：産業系廃棄物のうち、マテリアルリサイクルが困難な古紙および廃プラスチック類を主原料とした高品位の固形燃料

PS（Paper Sludge）：紙の製造工程で発生するセルロースを主体とする廃棄物

黒液：クラフトパルプを作るときに薬品処理で発生する黒ないし褐色の液体。濃縮して回収ボイラーで燃焼することにより、化石燃料の削減が可能なバイオマス燃料となる

出所：日本製紙連合会「2019 年度低炭素社会実行計画フォローアップ調査結果」

図 2-4　製紙工場の自家発電の燃料構成

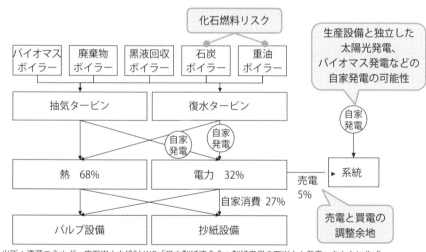

出所：資源エネルギー庁石炭火力検討 WG「日本製紙連合会：製紙産業の石炭火力発電」をもとに作成

図 2-5　製紙工場の自家発電の例

● 製紙工場は 24 時間操業が特徴で、操業調整が困難
● 扱える柔軟性はバイオマスによる自家発電
● 自家発電導入を行い、最適制御を実施

⓴ 深夜電力から昼間電力に軸足を移す電炉工場

電力消費の大きな電気炉は操業の柔軟性を生かすことでコスト削減

　電炉製鉄工場は、工場当たり10万kW近い巨大な電力を消費します。そのため使用する数十億円にも上る電気料金が、経営に大きなインパクトを与えます。

　電気料金を抑えるため、24時間稼働の原子力発電所の深夜の余剰電力を利用する目的で、夜間操業を行ってきました。今後、電炉の運用はどんどん昼間にシフトしていくでしょう。なぜなら、太陽光発電が余剰になっており、結果として電力価格が下がるからです。実際、九州エリアでは太陽光発電の余剰電力が頻繁に発生し、太陽光発電の出力抑制が頻発しています。

　JPEA（日本太陽光発電協会）の集計では、九州エリアで、2022年度の4億3,800万kWh（出力制御率・出力抑制率3.1％）に対し、2023年4月の太陽光に対する抑制量は単月で3億7,100万kWh（同26.2％）となり、前年度分に匹敵する量が4月だけで発電停止されています。すでに、東京製鐵は九州電力との間で電気炉の操業を昼間に行うシフト調整を行い、春や秋に5日前後の追加操業を行うことで余剰電力の活用を始めています（**表2-6**）。出力抑制が他地域にも広がる中で、昼間への操業シフトは当たり前になります。

　操業のタイミングは後工程の製鋼の納期に縛られるものの、ある程度の在庫を抱えられるため、昼と夜あるいは日を変えての操業も可能です。従業員の同意が得られれば、電炉工場のような柔軟な操業が実現します（**図2-6**）。

　また、アーク炉は電気スイッチのオン・オフが比較的容易で、スイッチを切った途端電力消費をゼロにできるため、操業の特徴として一時的な稼働停止を行いやすい特徴もあります。電力の需給バランスを取ることが容易でなくなる中で、電力の使用を柔軟に変えることができることが強みになるはずです。電炉製鉄に限らず、電気炉を用いる工場は同じ特性を持っています。

　もちろん、課題もあります。頻繁な操業調整は製品品質に影響を与える可能性は否定できません。どこまで電力調整を行えるかの検証も必要になるでしょう。

　電気炉は使用電力の変動が大きいため、小売電気事業者にとっては供給しにくい電力です。電力の必要・不必要のタイミングで、供給調整が必要になるからで

す。その意味では、対応できる小売電気事業者がどの程度いるか次第でしょう。

表2-6　電炉メーカーによる昼間の電力需要引き上げ実施の流れ

タイミング		電力会社	電炉メーカー
前々日	16:00	追加操業の依頼を判断	
	16:30	追加操業を依頼	
	18:30		対応可否の判断 （対応可の場合） 追加操業の体制構築 需要創出計画を電力会社に提出
前日	9:30	余力をスポット入札	
	10:00	スポット市場締切	
	12:00	翌日計画の提出	
当日	−	−	追加操業を実施

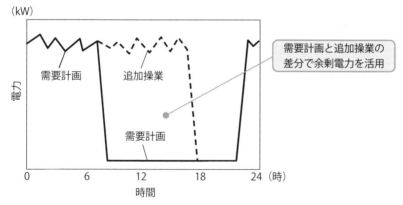

出所：資源エネルギー庁「第 34 回総合資源エネルギー調査会省エネルギー・新エネルギー分科会新エネルギー小委員会 / 電力・ガス事業分科会電力・ガス基本政策小委員会系統ワーキンググループ」資料 2（九州電力㈱）をもとに作成

図2-6　実施需要変化イメージ

● 電炉製鉄工場は深夜操業を昼間操業に変えることが一つの流れ

● 稼働の柔軟性を生かした操業を行えることが強み

● 電炉製鉄に限らず電気炉を持つ工場でも改善ポテンシャル

㉑ 停止と稼働の自動制御が進む 化学品工場

化成品製造・プラスチック加工は稼働水準の調整に余地がある

石油精製を行う石油化学プロセスは連続運転を行っているため、操業は簡単に止められませんが、サプライチェーンの後半に相当する化成品工場、プラスチック加工工場では操業変更の余地があります（**図2-7**）。

例えば、か性ソーダ工場では塩水を電気分解して、か性ソーダや塩素、水素というまったく性質の異なる化学品を一定の比率で製造する工程があります（**図2-8**）。塩素は、直接ガスのまま消費されるほか、液体塩素や塩酸、次亜塩素酸ソーダ、高度さらし粉などの塩化物として製品化され、さまざまな分野で使用されています。それぞれの製品の需要で電気分解の工程の稼働は変わりますが、電気分解の工程は量の調整が可能で、操業ルールの規定と外部からの要請があれば稼働割合の調整には余地があります。

また、石油化学工場で精製されるプロピレンを原料とする化成品・電子材料・機能化学品は、石油化学コンビナートの上流プロセスからは離れ、個別化学品を製造する段階にあります（**図2-9**）。塗料、インキ、半導体部材などに使われるアクリル酸エステルのような工場では、ラインが複数あったり、工程が細かく区切られていたりするため、部分的に稼働を止めることができる生産工程です。化学反応で製品を作るため、人手が入るよりも自動制御されていることで、調整が行いやすいとも言えます。

プラスチック加工には2種類あります。1つ目は大量生産型の成形加工で、圧縮成形、直圧成形、押出成形、射出成形などが挙げられます。成形加工では金型

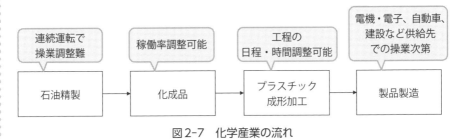

図2-7　化学産業の流れ

を用いて型の中に液状の材料を注入し、冷却して固化させて製品化します。溶けた材料を型に流し込む工程です。2つ目は多品種少量生産型の切削加工です。切削加工では、精密部品を一つひとつ削っていきます。NC旋盤などの工作機械を用いてプラスチック材料のブロックを刃物で削り、形状を仕上げます。

　工場の稼働は製品需要に応じて考えているため、電力使用に合わせた操業計画の見直しは簡単ではないでしょうが、そのポテンシャルは大いにあると言えます。

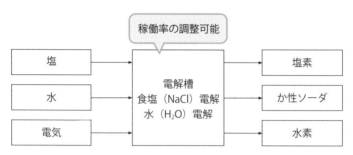

図2-8　電解槽を通じたプロセス（か性ソーダの例）

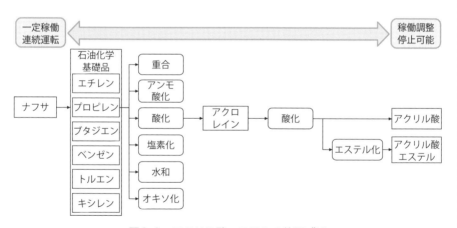

図2-9　アクリル酸エステルの位置づけ

Point

● 石油精製では稼働調整が難しい
● 電気分解、化成品工場では稼働割合を自動制御することも可能
● プラスチック加工工場でも一時停止は可能

22 サプライチェーンで 一体化している機械製品工場

機械製品は部品加工と組立の連携による操業調整が必要

　機械製品産業は多様な広がりを持ちますが、工程の特徴は部品製造と組立製造で異なります（図2-10）。

　機械組立工場は、一定程度大量生産による効率生産が不可欠です。例えば、自動車工場ではプレス、車体製造、塗装、組立が一連の作業プロセスとなり、大量生産に適した効率的な生産プロセスになっているため、途中で中断することが難しく、細かな操業の分割が難しいという特徴があります。その意味で、工程を区切りにくい工場です。

　機械部品加工工場では、操業日の日程調整をしようとすれば、工作機械の直接の電気動力設備、流体圧送の動力源になる電動機（電動モーター）、熱処理炉の電力など多様な電力需要を考慮する必要があります。金属加工では、潤滑・冷却・洗浄・防錆などの役割で潤滑油を用いて金属の切削加工の精度を上げていますが、この供給プロセスで電力を消費します。これを避けるためのドライ加工といった技術が用いられ、省エネは図られているものの密接に生産と関わる電力が消費されているため、生産を行っている限り電力消費量削減には限界があります。

　鋳造・鍛造・プレス成形・溶接、熱処理、研磨、めっき・コーティングなどのプロセスは個別の作業工程となっていることで、部分的に生産を止めることは可能です。その各工程で製品の多品種少量生産が増え、金型の交換頻度が上がるなど操業の切り替えに課題が多く見られます。少量生産は操業の柔軟性は高いですが、この切り替えに際して、効率的に電力消費のメリハリをつけられるかについて注意することが必要です。水のポンプや空気圧縮機（コンプレッサー）、冷凍機、ボイラー、空調、照明などが連動して動いているため、稼働停止に伴う電力消費を可能な限り連動して停めなければなりません。

　機械加工工場の稼働は、

　稼働率＝実績加工時間／機械の総稼働時間

　可動率＝（実績加工数×1個当たりの加工時間）／実績加工時間

で表され、1つのプロセスで考えた場合、稼働時間、可動時間を最大化しようと
します。工場を稼働するかどうか、ラインをいくつ動かして稼働ラインの水準を
何割程度にするか、そのためのモーターや空調の台数制御の備えを行っている
か、という問題になります。稼働や可能を最大化しつつ、稼働停止のタイミング
で電動設備をきちんと停止させるきめ細かなオペレーションが必要です。課題と
なるのは、組立工程からの要請で部品加工のタイミングが決まるため、制約の中
でどこまで稼働の柔軟性を確保できるかです。その観点で部品加工と組立は切り
離して考えることができません。

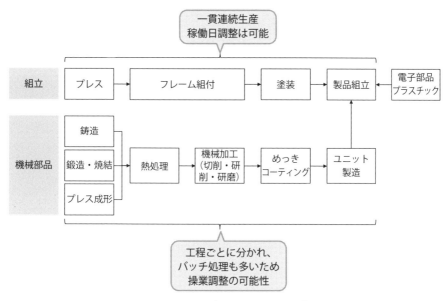

図 2-10　自動車など機械製品の生産プロセス

Point

● 連続操業のため組立の操業の中断は困難
● 部品加工は稼働調整可能だが、組立工程からの要請にも依存
● ラインの数など稼働レベルの調整は可能で、そのための台数制御がカギ

23 電力依存度の高い食品加工工場

製造エリア、ラインごとのマネジメント徹底がカギ

　食品加工工場は洗浄・前処理、調理（反応／精製／調整）、加熱殺菌、除水、包装などの工程があり、動力による電力を多く利用しています。

　洗浄・前処理の工程では、加圧ポンプや送水ポンプ、粒度調整に高速遠心分離機を使用する場合にモーターで電力を使用します。

　調理のプロセスは多用で、製品により組み合わせが異なりますが、化学反応による材料の製造を行う反応工程、材料の下処理を行う精製工程、製品製造の調整工程から構成されます。麹、酵素、硫酸などを用いる反応の工程では、温度管理の目的で空調やボイラーを用います。精製の工程では、着色や脱色、未反応物除去などのプロセスで活性炭吸着やイオン交換、セラミックろ過、遠心ろ過などが用いられ、ポンプ加圧による送液プロセスがあります。調整プロセスでは回転乾燥機、粒度調整、攪拌・回転、送液にモーターが用いられます。

　包装プロセスでは、自動包装機器への制御モーターの利用などが挙げられます。製造工程全般で、コンベアを稼働させる電動モーター、クリーンルームに入る従業員のほこりや髪を取り除くエアシャワーのような設備が備えられています。

　一連の工程が連続化される傾向にありますが、仕掛品を貯蔵する工程もあるため、工程を細かく管理することで稼働と稼働停止を分けることは不可能ではありません（図2-11）。鮮度を大切にしたり、反応を継続したりしないといけない食品を扱うことで、完全に加工を止める部分を切り出す際は注意が必要ですが、生産を止められる工程が見出せれば、生産を止めているラインに関わる電力を完全に停止できるようにポンプ、冷凍機、ボイラーの稼働を台数調整することは考えられます。これは省エネ活動そのものでもあるため、そもそも地道に続けていかないといけないことと言えます。

　また、直接生産とは関係のない空調・照明のオン・オフを行うことは常に可能です。生産工場と事務棟を切り分けて、電力使用を管理することは当然考えなければならないでしょう。

　電力需要が中心で、かつ巨大なエネルギー需要を必要とする素材産業とは異な

り、太陽光発電の導入が電力需要に与えるインパクトが大きい工場もあります。太陽光発電と蓄電池を導入することで、自家発電力を高めることも取り得るアプローチの一つです。

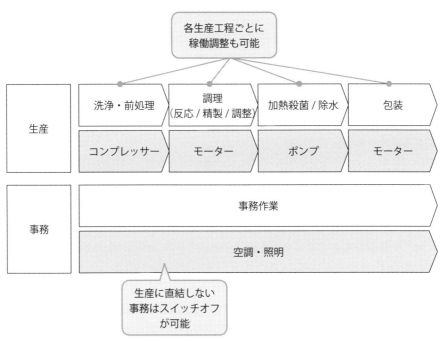

図 2-11　食品加工工場の生産と電力

Point
- 食品工場は動力の電力使用が多く、生産に直結
- 貯蔵の工程があれば柔軟なオペレーションも可能
- 空調・照明のオン・オフが有効に使えるか検討

㉔ クリーンルームがカギとなる 電機・電子製品工場

製品品質のため電力品質を自らマネジメント

　電機・電子製品工場は、温度・湿度・空気清浄度を管理して製品品質を保つことが重要です。半導体を代表とする電子部品は、空気中の塵の大きさより加工寸法が小さい場合があるため、空気清浄度が悪化すると製品歩留りが悪化するからです。また、プリント基板の組立工場においても、プリントパターンの微細化や多層化で精密加工が進み、空気の清浄度や湿度などによる製品品質への影響が大きくなります。電動機や電気盤の組立工場でも、有機絶縁体の寿命は絶縁体に混入する水分の影響を強く受けます。このような不純物の混入と検査工程は密接に関係しています。

　品質を保つためのクリーンルームの設置は不可欠です。従来は部屋全体をクリーン化していましたが、清浄化に必要なエア量が莫大なため、局部の清浄度を高める局所クリーン化が進んでいます。全体空調ではなく局所空調のアプローチを適用することで、空調の電力使用量を削減するなどの取り組みが進んだ結果、細かな生産に応じた空調制御を実現できるような工程となっています（図2-12、図2-13）。

　瞬停・停電は、この空調管理に影響を与える観点で重大な問題です。シリコンやゲルマニウムの温度が下がって劣化し、多額の損害が発生するリスクがあります。

　瞬停や停電に対する代表的な対策は、UPS（Uninterruptible Power Supply：無停電電源装置）を導入することです。UPSにも実現方式にはいくつかの種類があり、システムに求められる可用性や用途により最適なソリューションが変わってきます。これまでは、短時間補償のものでは電気二重層キャパシタ（EDLC）が使われ、EDLCではカバーできない長時間では鉛電池を用られてきました。しかし、最近ではより高出力で、小型のリチウムイオン電池の利用が増えています。

　電力を途絶できないという観点からは、自家発電の導入を考えることが肝要です。太陽光発電と蓄電池の組合せが、一つの手段として進みつつあります。再生可能エネルギーに依存する電力システムは不安定さが増すことが避けられませ

ん。この不可欠なセットの導入を機に、エネルギーマネジメントを実施し、品質を守るとともに電力コスト削減を検討することが不可欠となりつつあります。

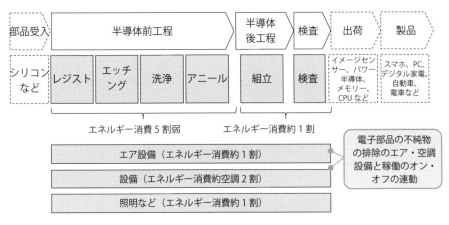

出所：総合エネルギー調査会省エネルギー小委員会「電機・電子業界カーボンニュートラルに向けての取組み」電機・電子温暖化対策連絡会、2021 年 4 月 8 日をもとに作成

図2-12　デバイスの製造プロセス

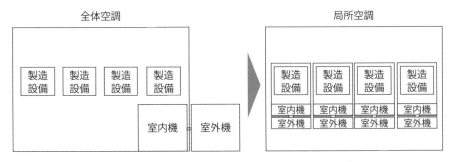

図2-13　全体空調から局所空調への移行イメージ

Point

● 電力を用いた温度・湿度・空気清浄度の管理が品質に直結
● 電力の品質を自ら保つ必要があるため太陽光発電と蓄電池の充実は不可避
● 積極的なエネルギーマネジメントに踏み込む時機

㉕ BCPに敏感なデータセンター

多電力消費のデータセンターは蓄電池を需給調整に活用

24時間停止できないデータセンターは、消費側の対策が難しい施設です。電力が途絶してしまったら、データそのものが失われてしまうことになります。そのため、電力システムの停電時に電力途絶が起こらないように、エネルギー供給側の工夫が大切です。

非常時の電力供給（BCP：Business Continuity Plan）として、太陽光発電が活用されています。太陽光発電は、もちろん自家発電設備として電力の供給の一部を担うことが可能です。立地が都市中心部でなくてよいデータセンターは、電力を太陽光発電で賄う事例が増えています。

また、瞬間的な電圧低下を避けたり、電力システムの停電時に電力途絶を回避したりする観点で、蓄電池が設置されています。万が一の備えとして、蓄電池を活用する形態が増えています。

データセンターの近くに太陽光発電所を設置し、直流送電でデータセンターに電力を給電して、不足分は送配電網を通じて電力を供給する事例も増えています。その際に、付設されている蓄電池が役立ちます。送配電網からの電力が停止した場合には、太陽光発電の電力に加えて蓄電池から電力を給電することができるわけです（図2-14）。

従来、低コストの鉛蓄電池が用いられてきました。非常用の蓄電池は稼働する時間がそれほど多くないため、低コストであることが優先されます。一方、鉛蓄電池は重さと大きさが課題になる場合もあり、小型軽量のリチウムイオン電池の優位性も注目されています。

反応速度の速いリチウムイオン電池は、BCP用に留まらず常時活用することに適しています。蓄電と放電を繰り返して電力の単価に対応した運用を行い、蓄電池は電力の調整用に活用する利用も出始めています。鉛電池に比べてコストの高いリチウムイオン電池ですが、市場を活用して電力を購入し充電したり、販売し供給したりすれば、収入を維持しながらBCP用の蓄電池の確保が可能です。データセンターは、大型の太陽光発電と蓄電池を備えたエネルギー基地化しつつ

あります。今後、周辺地域の工場との連携を通じた地域の電源となるポテンシャルを秘めています。

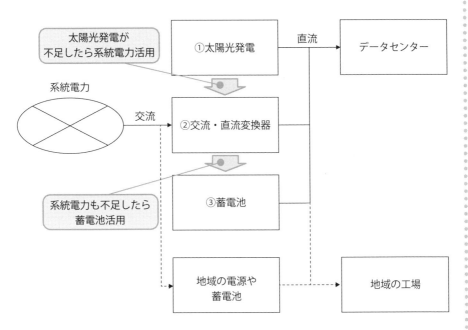

図2-14　データセンターを起点とした地域への電力供給

Point

● データセンターはBCP用に蓄電池を設置する
● 蓄電池を電力調整用に用いることで収益性を向上
● 太陽光発電とのセットで電力コスト削減に貢献する

26 EVトラックを導入する物流事業者

物流企業は太陽光発電とEVの連携を進めるのに適する

　物流倉庫は、定温倉庫では一日中同じような需要が続きます（**図2-15**）。緊急時には全面的に照明を落とせますが、倉庫の作業は停止します。冷凍倉庫は電力を止められませんが、冷凍のタイミングをコントロールすることが可能です。

　物流倉庫は需要を十分に賄えるだけの太陽光発電を設置できる広大な屋根を持ち、電力コストを固定費用にできるメリットがあるため、投資回収期間に施設が維持されるかの問題はあるものの太陽光発電の導入が進んでいます。また、都市部で宅配を手掛ける物流業者は、電気自動車（EV）の導入を始めています。日本郵便は約3万台ある配送用自動車をEVに変えていく予定で、配送用EVバンを導入し、約8.5万台ある配送用バイクも電動化を進めているところです。

　今後はトラックの電動化も進展します。電気自動車の欠点は、長距離運転に対応できる蓄電能力がないという点ですが、短距離であれば問題ありません。都市内を輸送する軽貨物車や1.5tクラスの小型貨物車では、EV車が販売されています。蓄電池は40〜120kWhなどと乗用車を超える容量を備えているため、航続距離は100〜300km程度走ることが可能です。

　蓄電池の容量が大きいため、充放電の規模を充実させられます。停車時の充電と放電のタイミング、配送時の電力消費のタイミングを管理することで、EVトラックを可能な限り蓄電池として利用できます。燃料充填のように交換式バッテリーも検討され、柔軟性を高める工夫も進んでいます。したがって、EVトラックの保有は電力供給設備の保有と同じ効果があると言えます。運送利用のスケジュール、充放電のスケジュールを連携させれば、EV蓄電池を電力の需給調整に用いることが可能です（**図2-16**）。

　電動化を果たした先には、屋根で発電した電力をEVトラックに充電し、必要なときに電力を供給できます。物流企業はEVトラックの蓄電池をトラックの動力にするのと同時に、電力の需給調整を行う蓄電池として使うこともできるわけです。物流倉庫と配送会社が連携して、太陽光発電とEV蓄電池をセットで整備することができます。太陽光発電の電力は自家消費する必要もありません。購入

した電力を貯蔵しておいて電力を販売し、トータルで電力コストを下げるアプローチも考えられるでしょう。

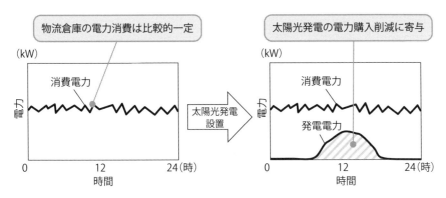

図2-15　物流施設の電力消費

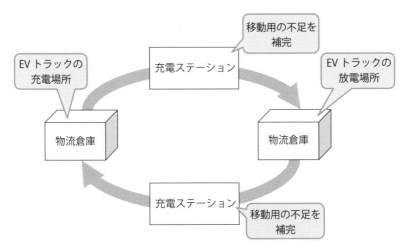

図2-16　EVトラックを用いた充放電運用のイメージ

Point

● 都市部短距離配送や交換式バッテリー活用で物流企業のトラックの電化は可能
● EVの蓄電池は輸送の動力と同時に電力調整の蓄電池に
● 物流利用と蓄電池利用のスケジュール管理能力工場でエネルギーコスト削減

やっぱり猫はこたつで丸くなる

　猫を飼うと電気代がかかります。飼ったばかりの子猫が寒くないか、暑くないかと心配になり、24時間空調にしてしまうからです。時期によっては、エアコンのオン・オフをするよりつけっぱなしにしても料金に大差がない場合もありますが、普通は料金が上がります。猫が他の部屋に寝たがるからと、ところ構わず空調を始めるととんでもない料金になります。電気代が2〜3万円上がった経験のある方もおられるでしょう。

　でも、そこまで寒さ暑さに神経質になる必要はありません。猫はどこが寒いか、暑いかをよく知っているからです。そうであれば、暖房をかける部屋は少なくして、部屋の中も局所的にパネルヒーターで温めておくことになります。暑いときは、比較的涼しい部屋に移動したり、ひんやりした金属板のネコ鍋に入ったりして涼んでもらえばよいのです。猫の特性を踏まえつつ、必要なところに電力の手を差し伸べるのです。

　そもそも欧米では全館空調が主流ですが、日本は個別（部屋ごとの）空調です。空調は部屋ごとに暖めてコストを抑える発想で、いわゆるエアコンが作られています。必要なところだけの局所空調は日本の省エネの原点です。

　昭和にはまだ空調が整っていなかったから「猫はこたつで丸くなる」風景がよく見られたのでしょう。やむに已まれず温かい場所にいるしかなかったのかもしれません。今の時代は、体調を崩すほど寒さを我慢することはありません。でも、今の時代もきめ細かく空調する領域を分ける考えは正しいと思います。

　やっぱり猫はこたつで丸くなる。

第 **3** 章

電力コスト削減に関わる制度・市場環境

㉗ スポット市場の進化

価格ベンチマークの中心的存在

　小売電気事業者の電力調達は工場が購入する電気料金メニューに影響します。なぜなら、火力発電所を所有する場合と電力取引市場から全量電力を調達する場合で、小売電気事業者の料金メニューが変わるからです。電力取引市場の価格リスクに過度にさらされている小売電気事業者もあります。

　実際に電力取引市場の取引価格の急騰により、電力コストが跳ね上がった小売電気事業者のいくつかは、破綻したり事業から撤退したりしています。多くの小売電気事業者の関わる電力取引市場が、どのように運営されているかを理解すべきです。旧一般電気事業者は経営的に安定していますが、火力発電の影響が料金メニューに色濃く残り、今後は化石燃料の価格リスクにさらされ続けることになります。

　小売電気事業者が日常的に取引するのは、日本卸電力取引所（JEPX：Japan Electric Power eXchange）の前日市場（スポット市場）です。小売電気事業者は、翌日24時間分の電力を前日午前10時までに取引します。24時間は30分ごとに区切られ、48コマで、最低電力100kW単位で30分ごと、すなわち電力量100kW（30分単位のため発電量で50kWh）単位で取引されます（**表3-1**）。

　取引参加者は、時間帯ごとに価格と量を「売り」と「買い」で入札します。その結果、価格ごとに売りと買いの量が集計され、売りと買いの量と価格が一致するところで約定となります。この約定価格より安く売る入札と高く買う入札もありますが、入札価格に依らず約定価格で精算が行われます（シングルプライスオークション）。このため、大量の入札を出す事業者が約定価格を決定する傾向があります。

　そのためスポット市場では、旧一般電気事業者の発電部門が圧倒的な市場支配

1　「適正な電力取引についての指針」で市場支配力のある電気事業者は、入札時点において算定される供給力から、自社想定需要（自社小売需要と他社への相対契約に基づく供給量等の合計）、予備力、公害防止協定などの入札制約を差し引いた余剰電力の全量を市場に投入するとの規定。その際に、追加発電によるコスト（限界費用：火力発電では追加燃料費であり、太陽光発電ではゼロ）で入札を行うことが定められている。

力を持っています。市場の流動性を高めるため、グロス・ビディング[1]という
ルールで旧一般電気事業者が市場を通じて電力を販売することが義務づけられま
したが、十分効果を発揮したとは言えません。旧一般電気事業者の同じ担当者
が、発電と小売の役割を兼務して売買するような事象が起きて形骸化したためで
す。その後も、市場は繰り返し見直しが行われています。

　競争市場の中核を担うスポット市場は2003年の開設以来、さまざまな批判を
受けつつも工夫を重ねて整備が進んでおり、市場取引を通じた電力調達の環境は
着実に進化しています。

表3-1　スポット市場の概要

	内容
目的	電力自由化に伴い、公正で透明性の高い電力の価格指標を形成するため
開設	2003年
取引商品	1日48コマ単位（24時間を30分ごと） 100kW単位
取引タイミング	前日10時に締切
入札者	小売電気事業者
応札者	発電事業者
約定形式	シングルプライスオークション

出所：資源エネルギー庁資料をもとに作成

Point

● 小売電気事業者の多くがスポット市場から電力を調達して需要家に供給
● 小売電気事業者の見極めや交渉に不可欠のため需要家も理解が必要
● 過去の流動性欠如の問題を踏まえ、市場機能は繰り返し見直されて発展

28 ボラティリティの高まる スポット市場

国際燃料市場の混乱でスポット市場は乱高下

　今後、電力価格で確実なことは、ボラティリティ（価格変動の度合）が高まることです。かつては、発電所の事故や不具合が原因で取引市場価格が急騰しました。2007年に新潟県中越沖地震による柏崎刈羽原子力発電所の停止で、夏に価格が急騰したことがあります。近年では、気象条件で急騰が起こり得ます。積雪により太陽光で発電できず、暖房需要が急増する日に電力価格が高騰する傾向が強まっています（図3-1）。

　また、2022年2月のロシアによるウクライナ侵攻以降、燃料価格が高騰し、旧一般電気事業者をはじめとする火力発電所からの入札価格が上昇し、取引市場価格の高騰が2023年初めまで続きました（図3-2）。2023年には、ガザ地区をめぐるハマスとイスラエルの紛争で原油価格は急騰しました。国際社会の分断が容易に解消しない状況でOPECプラスも減産を放棄することは考えにくく、価格高騰リスクは容易に解消しません。

　もう一つの価格変動要因は太陽光発電です。太陽光発電は、昼間に発電することで供給時間が偏ります。春や秋、特にゴールデンウィーク期間中の業務・産業需要が少ない時期は昼間の電力需要が極端に減少するため、順調に発電する太陽光発電の電力は余ります。その結果、タダでも電力の引き取り手がない状況が生まれ、電力取引市場の価格はゼロ円（正確には取引価格をつけるための最低価格0.01円/kWh）をつけることになります。特に太陽光発電の設置割合が大きい九州電力エリアでは、ゼロ円をつける日が頻繁に発生しているほどです。

　日本の電力取引は日本全体ではなく、北海道・本州・四国・九州などエリアごとに取引されています。9つのエリアは広域送配電網でつながり、電力融通が行われるため、エリア間の価格差は一定程度平準化されてきました。ただし、他のエリアとの連系線が細い北海道と九州は独自の取引価格がつく傾向にあります。また、周波数が50Hzの東日本エリア一帯、西日本一帯では電力融通に制限があるため、異なる価格水準を示しています。

　国際的な価格燃料価格の変動と国内の太陽光発電の導入による供給余剰は、こ

れからもスポット市場価格に影響を与え続けます。

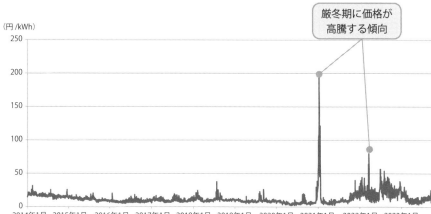

出所：日本卸電力取引所（JEPX）をもとに作成

図3-1　スポット価格の推移（2014年1月〜2023年9月）

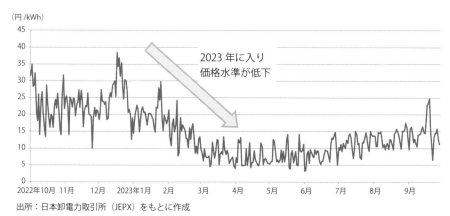

出所：日本卸電力取引所（JEPX）をもとに作成

図3-2　スポット価格の推移（2022年10月〜2023年9月）

Point

● ロシアのウクライナ侵攻で電力スポット価格は高騰

● ただし、日中はゼロ円も継続。これは太陽光発電の余剰という国内事情

● 国際燃料市場と国内太陽光発電は今後も市場価格を動かす主因

㉙ 電力コストを上昇させる インバランス料金制度

インバランスのリスクを工場が担えるか

　インバランス料金制度は電気料金を高騰させる可能性があります。

　自社の需要に合わせて自ら電力調達を行い、市場調達や操業調整などで複雑なオペレーションを行う場合、電力調達が不足したり電力供給が過剰になったりするなど、需給調整に失敗することがあります。その際に支払うペナルティがインバランス料金です。しかし、電力を調達できない電力取引市場参加者、さらには小売電気事業者にも、電力の最終供給責任を担う一般送配電事業者は電力を確保しなければなりません。一般送配電事業者は調整力に供給してくれる発電事業者、小売電気事業者、あるいは工場などの需要家から、電力供給を受けたり供給を抑えてもらったりして過不足を調整するわけです。

　インバランス料金は、2021年に500円/kWhを超える値をつけるなど、需給が一致しない場合は通常では考えられない価格に跳ね上がります。その後、資源エネルギー庁は200円/kWhの上限値とする特例措置を出し、正式なルール化が後に行われています。ただ基本的には、インバランス（需給不一致）を出すことは小売電気事業者の電力コストを上昇させます。インバランス調整は旧一般電気事業者が担ってきた機能で、かつて新電力は3％以内のインバランスであれば見逃されていた時代もありましたが、すべての小売電気事業者が責任を負う制度に改められています。

　これまで一般送配電事業者ごとに個別対応を行ってきましたが、2021年の需給調整市場開始を機に2022年4月から市場価格を公開し、価格を表示しています。この支払いのリスクは注視しておく必要があります（**図3-3**）。旧一般電気事業者が、安定的な契約先と言えるのは、大規模な供給力と顧客基盤を背景に過不足を調整し、インバランスリスクを抑えられるからです。

　インバランス料金は今後、供給直前の需給調整に求められる価格水準を明示する需給調整市場に大きく影響を受けます。需給調整を行う一般送配電事業者のインバランスのコストを明示するのが需給調整市場ですから当然と言えます。2021年度から需給調整市場の三次市場が開設されています。需要家はこれらの市場を

小売電気事業者に任せるだけでなく、その動向を理解し、場合によっては自ら市場に関与する方法を考えなければなりません。

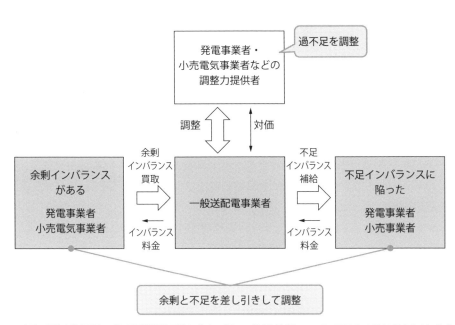

出所：経済産業省電力・ガス取引監視等委員会「インバランス料金制度等について」2022 年 1 月 28 日をもとに作成

図3-3　インバランス調整の仕組み

Point
- インバランス料金は小売電気事業者の支払い責任
- ただし、そのコストは需要家にいずれの形で負担転嫁
- 需給調整市場への統合を機にリスク管理

需給調整市場の特徴

2021年開始の需給調整市場は電力コストの趨勢を握る

　EUは、どの国からどの国へでも電気が売れるような電力統合市場を作るため、電力自由化を進めました。一方、脱炭素を進める目的で、再生可能エネルギーの大量導入を進めました。多くの発電事業者や小売事業者が市場に参加する状況に対応し、EUは独立したTSOによる送配電網運営と市場により電力の需給マッチングを最適化するアプローチをとりました。日本はこのEUのアプローチを電力システムに取り入れました。

　電力システムは需要と供給を瞬間でマッチングし、電圧や周波数を一定に保つ必要があります。その責任を担うのが一般送配電事業者です。小売電気事業者はその責任の一部を分担し、需要と供給の計画を事前に提出した上で、各タイミングに計画通り電力を供給する計画値同時同量というルールを守ることとなっています。

　しかし、個別の小売電気事業者が電力の需要と供給を、いつも問題なくマッチングできるとは限りません。小売電気事業者の多くが、過不足を埋め合わせるための発電設備を保有していないからです。

　そのため、この過不足は一般送配電事業者が埋め合わせることになります。一般送配電事業者は、発電設備を持たないのが理想です。発電電気事業者、小売電気事業者に不足分を補ってもらうため、需給調整市場が開設されました。

　需給調整市場は3つのセグメントから構成されます。応動時間が10秒以内の一次調整力市場、応動時間が5分以内の二次調整力市場は、主に電力システムの安定性確保（周波数調整）を実現することを目的としています。応動時間が15～45分の三次調整力市場は、経済的に需要と供給をマッチングさせることを目的としています（**図3-4**）。

　2021、2022年度に三次調整力市場はすでに開始しています（**図3-5**）。2024年度からより短時間の二次調整力市場、一次調整力市場の開設も予定されています。

余裕の取れる応動時間から運用開始

短時間の応動時間は2024 年度から開始

商品区分	機能	応動時間	継続時間	2021 年度	2022 年度	2023 年度	2024 年度	2025 年度
三次②	経済的に需給調整を行う低速での調整	45 分以内	3 時間	▼調達開始				
三次①	経済的に需給調整を行う高速での調整	15 分以内	3 時間		▼調達開始			
二次調整力②	EDC 信号により周波数を基準周波数に回復	5 分以内	30 分以上				▼調達開始	
二次調整力①	LFC 信号により周波数を基準周波数に回復	5 分以内	30 分以上				▼調達開始	
一次調整力	周波数上昇 / 低下を食い止める調速機調整	10 秒以内	5 分以上				▼調達開始	

出所：資源エネルギー庁資料をもとに作成

図 3-4　需給調整市場の概要

平均約定価格は小さいが
高い価格が断続的に発生
三次調整力②の約定価格とスポット市場システムプライスの推移
（2021 年 4 月～ 2023 年 6 月）
（円）
350
300
250
200
150
100
50
0
最高約定価格（電源属地別）[円/kW30分]
平均約定価格（電源属地別）[円/kW30分]
（参考）スポット市場システムプライス
[6コマ平均]（円/kWh）
2022年8月10日4ブロック目
347.8
2021年4月
7月
10月
2022年1月
4月
7月
10月
2023年1月
4月

出所：送配電網協議会資料をもとに作成

図 3-5　需給調整市場の概要

Point

- 需給調整市場は自由化と再生可能エネルギーで先行したEUの成功アプローチ
- 発電事業者 / 小売電気事業者が多数参加する中で、一般送配電事業者が需給調整
- 時間ごとに3つの分類がされており、2024年度に全市場が稼働

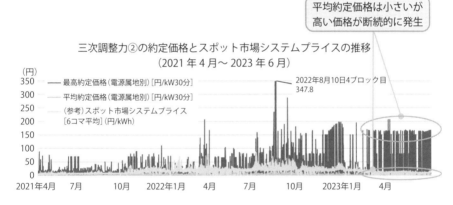

31 容量市場の特徴

長期の電力需給の先行指標

電力自由化が進展したことで、老朽火力発電の廃棄が進んでいます。株式を上場している民間企業として、旧一般電気事業者も収益を無視して老朽火力を維持するという選択肢は取れないからです。その結果として電力供給力が低下し、需給ひっ迫やスポット市場の価格高騰、インバランスのペナルティが高騰する状況が生じ、将来の電力供給に懸念が出ています。したがって、資源エネルギー庁は発電供給力を増やすために容量市場を2020年度に開設し、2024年度以降の発電設備容量を確保しようとしています（表3-2、図3-6）。

容量市場は将来の発電投資が滞ることで電力供給不足となり、取引価格が高騰するのを避けるため、事業者の発電投資を先行して促す仕組みです。具体的には、4年後の発電所や蓄電所について入札を行います。すでに、2020年度に2024年度の発電容量を取引する入札が行われ、2021年度、2022年度にも2025年度、2026年度の発電容量の入札が引き続き行われています。

電力広域的運営推進機関が市場を運営し、小売電気事業者が長期の電力調達計画を提出するとともに発電供給力の要望を出します。発電所や蓄電所への固定費の支払い負担は2024年を迎えた段階で、小売電気事業者と一般送配電事業者が担います。容量市場の動向を見ることで、将来の電力供給の水準が見えてきます。現状では将来の発電設備容量の不安が解消しておらず、火力発電、再生可能エネルギー、蓄電池を増やそうとしています。

対象となる「電源」には、発電所に加えて蓄電やDR（電力需給に合わせて需要を引き上げたり下げたりすること）、自家発電という「発動指令電源」も含まれます。発動指令電源は、一般送配電事業者が発する発動指令に基づき、需給調整に用いられることになります。一般送配電事業者が行ってきた需給調整用の調整力調達もこの容量市場に移管されます。したがって、一般送配電事業者は、容量市場で将来の需給調整用の発電や蓄電を確保し、リアルタイムでは需給調整市場を通じて電力を確保するのです。DR（デマンドレスポンス）は、容量市場にkWの調整力を提供する重要な手段となりつつあります。

表3-2　容量市場の概要

目的	○発電事業者等に支払われる容量確保契約金額による適切なタイミングでの電源投資、あらかじめ必要な供給力の確実な確保 ○卸電力市場価格の安定化の実現により小売電気事業者等の安定した事業運営を可能とし、電気料金の安定化で需要家にもメリットをもたらす
概要	○電力量ではなく将来の供給力（発電設備容量）を取引 ○オークションを開催して落札電源と約定価格を決定 ○実需給期間にすべての小売電気事業者から容量拠出金を受領し、発電事業者等（落札電源）に容量確保契約金額を支払
開始年	○2020年
取引商品	○全国で必要な供給力
取引タイミング	○実需給期間の4年前 ○毎年開催
入札者/応札者	○電力広域的運営推進機関（OCCTO） ○発電事業者等（ネガワット事業者等含む） ○小売電気事業者・一般送配電事業者

出所：電力広域的運営推進機関「容量市場の概要について」2019年10月をもとに日本総合研究所作成

オークションの開催（2020年以降、毎年開催）

実際の供給（オークションの4年後）

図3-6　容量市場の仕組み

Point

● 老朽火力の廃止に伴い、発電設備の建設を促す容量市場が設立

● 小売電気事業者と一般送配電事業者が支払い負担

● 蓄電池・DRにも容量の確保に対して支払いが保証される

㉜ 長期脱炭素電源オークションの創設

FITに代わる再生可能エネルギー整備の仕組み

　容量市場の開設により、火力発電への投資を促すことができるようになったところで、再生可能エネルギーや揚水発電、蓄電池脱炭素を推進する発電や蓄電の整備を求める声が上がりました。これに対して、「長期脱炭素電源オークション」が容量市場に設けられています。太陽光・風力・水力・揚水・蓄電池・地熱・バイオマスといった設備が対象です（表3-3）。

　事業報酬として資金調達コスト（税引き前のWACC（Weighted Average Cost of Capital））が設定され、不動産投資ファンドやインフラファンドが求めるリターン水準を満たしていることで、FIT後の資金の投資先を探してきた投資家が長期脱炭素電源オークションに参加しています。固定費に対する固定的な容量収入を、20年の長期にわたり安定的に確保できる蓄電池投資案件として、長期安定資金を扱う投資家には魅力的な市場になる可能性があります。最初のオークションは2024年1月です。

　太陽光発電の導入拡大は、2030年の発電ポートフォリオでも必要とされています。ただし、現在でも太陽光発電の余剰が発生し、出力抑制がかかっている状況下で、さらなる太陽光発電の導入拡大のためには蓄電池が不可欠です。蓄電池を用いた電力調整の仕組みを整える手段が模索される中で、この長期脱炭素電源オークションが注目を集めています。1万kW以上の蓄電池が想定されているため、10億円単位の資金を扱う投資家が中心となりますが、多くの参加者を集めることが予想されます。

　また、蓄電機能としては揚水発電も制度の対象となり、リプレースも対象になったことで、既存の揚水発電をさらに強化する投資が行われる見込みです。容量市場は固定費に対する支払いがもらえるため、安定的な事業基盤を確保した上で蓄電池事業への活用が見込まれています。

表3-3　長期脱炭素電源オークション

長期脱炭素電源オークション	
目的	電力需給のひっ迫や卸市場価格の高騰の原因となっている供給力不足を解消するため、脱炭素電源への新規投資を促進
支援内容	・固定費水準の容量収入を原則20年間保証 ・巨額の初期投資の回収に対し、長期的な収入の予見可能性を付与
開始	2024年1月

2023年度オークションの上限価格（単位：円/kW/年）

				≪既設火力の改修≫
太陽光	10,000	地熱（新設）	100,000	
陸上風力	10,000	地熱（リプレース） 　全設備更新型：97,104 　地下設備流用型：58,262		水素10%以上の混焼にする改修　100,000
洋上風力	10,000			
一般水力（新設）	72,916	バイオマス	100,000	アンモニア20%以上の混焼にする改修　74,446
一般水力（リプレース）	37,319	原子力	100,000	バイオマス専焼にする改修 　　　　　　　81,637
揚水（新設）	10,000	水素（10%以上）	48,662	
揚水（リプレース）	55,308 ～74,690	LNG	36,945	
蓄電池	55,308 ～74,690			

出所：資源エネルギー庁「第81回 総合資源エネルギー調査会 電力・ガス事業分科会 電力・ガス基本政策小委員会 制度検討作業部会　資料7」をもとに作成

Point

- 長期脱炭素電源オークションは蓄電池設置の中心として認知が高まる
- 揚水発電や水力発電の新設、リプレースの動きがある
- 蓄電池の設置は用途は縛られるが、電力調整に活用することも想定される

33 非化石証書市場の創設

価格が低迷する非化石証書市場だが需要が上昇する可能性は大

非化石証書は、石油や石炭などの化石燃料を使わず（非化石で）発電された電気が持つ「非化石価値」を取り出し、電力とは別に流通できるようにしたものです。FITによる非化石価値は電力需要家全体で負担していますが、その非化石価値をFIT証書として「再エネ価値取引市場」で購入することが可能です。再生可能エネルギーの導入を牽引したFITからの脱却が図られる中、再生可能エネルギーの非化石価値（化石燃料を用いていない電力の価値）を見える化し、小売電気事業者が販売する電力のCO_2排出量を削減したり、工場が再生可能エネルギー電力を購入しやすくしたりしています。

この非化石価値を企業などが買い取ってくれれば、国民負担を減らすことができるため政府も力を入れています。

FITの非化石証書は人気が出る可能性を秘めています。需要家はどの発電所の電力かを証明するトラッキングの仕組みを用いて、工場が特定地域の脱炭素化を支援するためにFITで作られた再生可能エネルギー発電所を実質的に買い取ることができるからです。FITの電気自体は取引市場価格で購入するため、付加価値の0.4円/kWhなどの少額のプレミアムさえ載せればよいのです。企業にとっては、非化石証書のみよりもグリーン電力を利用しているとのアピールが可能であり、徐々にその需要は大きくなると考えられます。

ただし、FIT証書の購入は新たな再生可能エネルギーを生み出すわけではありません。そのため、非FIT証書を扱う「高度化法義務達成市場」を創設し、FIT対象でない再生可能エネルギー電力の非化石価値も取引されています。いずれもスポット市場を運営する日本卸電力取引所（JEPX）が取引を担い、電力販売と紐づく形の取り組みを可能にしています（**図3-7**）。

経済産業省「GXリーグ算定・モニタリング・報告ガイドライン」において、非化石証書は将来のGX-ETS（GX排出量取引）に利用できることが明記され、脱炭素価値（カーボンプライシング）の一翼を担うことになります。2030年が近づくにつれてその重要性は高まります。非化石証書をいかに確保するかという

視点も、電力コスト削減では重要な視点です。

　工場は今後CO$_2$排出削減に取り組む中で、電力の仕組みとその他の脱炭素の取り組みを一体で進めることになります。非化石証書は目立たない存在ではありますが、今後は重要性を増していくと考えられます。

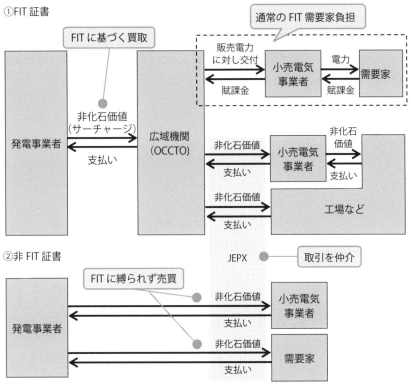

図3-7　非化石証書市場の取引商品

Point

● FIT後の再生可能エネルギーの付加価値を「非化石価値」として明確化
● 小売電気事業者がCO$_2$排出係数の算定に使えるほか工場も購入可能
● カーボンプライシングにおける再生可能エネルギーの価値として制度化

㉞ 新たなCO₂削減を牽引する J-クレジット市場

国内唯一のカーボンクレジット

J-クレジットは、省エネ設備導入や再生可能エネルギー利用によるCO_2排出削減量や、適切な森林管理によるCO_2などの吸収量を「クレジット」として国が認証する制度です。現時点で国内のCO_2削減活動が国により公的証明を付与される唯一の仕組みです。2030年度の目標値を1,300万tから1,500万tに引き上げ、2030年度以降も制度を継続することが宣言されています。

カーボンクレジットとしては、森林保護/自然保護、再生可能エネルギー、省エネルギー（設備/プロセス効率改善）、燃料転換、廃棄物管理などの排出回避・削減といったものと、環境保全（植林、森林・耕作地・泥炭地・沿岸地などの管理修復）、DACCS（大気中からのCCS）、BECCS（バイオマス燃焼＋CCS）、バイオ炭、ネガティブエミッション技術などが挙げられます。脱炭素の価値はさまざまな脱炭素技術との比較で決まります。現状では再生可能エネルギー、省エネルギーによる削減が多く用いられます。

クレジット創出者は、ランニングコスト低減やクレジット売却益などのメリットがあります。クレジット購入者は、環境貢献企業としてのPR効果や温対法などへの活用など活動をアピールすることが可能です。

そのJ-クレジットを、自社のCO_2として代替的にカウントする目的で企業が購入できるように、J-クレジット市場が開設されています。2016年から2023年前半までは仲介事業者による相対取引や、J-クレジット制度サイト内の売り出しクレジット一覧に掲載されたクレジットの相対取引や、事務局による入札販売が行われていましたが、2023年10月から東京証券取引所のカーボン・クレジット市場で取引されています（**表3-5、図3-8**）。

2030年の温室効果ガス46％削減に向けて、カーボンクレジット価格は先行指標となります。J-クレジットは現状でも、京都議定書の時代や2010年代に比べて価格が上昇しています。さらに価格上昇が起これば、再生可能エネルギーの導入の必要性があるとのサインになります。電力コストを考えるに際しても、念頭に置いておきたい指標です。

表3-5　J-クレジット市場の概要

目的	インセンティブを提供しCO_2削減促進 クレジット創出者は、ランニングコスト低減やクレジット売却益などのメリットがある クレジット購入者は、環境貢献企業としてのPR効果や温対法などへの活用により企業評価の向上のメリットがある
概要	省エネ設備導入や再エネ利用によるCO_2排出削減量や、適切な森林管理によるCO_2などの吸収量を「クレジット」として国が認証する制度において、それを取引する市場 相対取引、事務局による入札販売から、2023年に始動する東京証券取引所のカーボン・クレジット市場でも取引
開始年	2013年（J-クレジット制度開始） 2023年10月（東証のカーボン・クレジット市場）
取引商品	J-クレジット、国内クレジット、J-VER、地域版J-クレジット
取引タイミング	事務局による入札販売は年1〜2回 東証のカーボン・クレジット市場は1日2回（11：30、15：00）の予定
入札者/応札者	大企業、中小企業、地方自治体など 2023年5月の事務局による入札販売では、購入者数18事業者、入札者数22事業者

出所：J-クレジットHP https://japancredit.go.jp/market/sell/
　　　東京証券取引所「カーボン・クレジット市場の概要」2023年6月をもとに作成

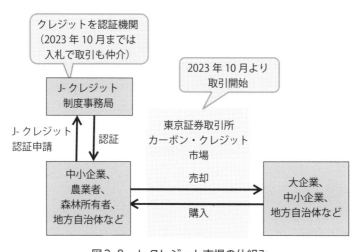

図3-8　J-クレジット市場の仕組み

Point
- 再生可能エネルギーにとどまらず幅広い領域をカバーするCO_2削減クレジット
- 2016年から2023年前半まではJ-クレジット事務局による入札が主体
- 2023年から東京証券取引所のカーボン・クレジット市場で取引される予定

3-1 市場を活用した電力調達

35 GX排出量取引市場への期待

日本のカーボンプライシングの中核に

　2023年5月のGX推進法成立により、政府はGXを加速させることで、エネルギー安全保障と産業競争力強化を目指しています。GX実現に向けた基本方針に基づき、「GX推進戦略の策定・実行」「GX経済移行債の発行」「成長志向型カーボンプライシングの導入」「GX推進機構の設立」「進捗評価と必要な見直し」を推進する予定です。

　その中で成長志向型カーボンプライシングとは、①将来のカーボンプライシング導入・引き上げの見通し明確化、②GX移行債によるカーボンプライシング効果を先取りした炭素排出への値付けにより、GX関連製品・事業の付加価値向上を行うこととされています。

　カーボンプライシングの場として重要視されているのが、GXリーグの参加企業が行う自主的な排出量取引（GX-ETS）です。自主的とは言っても削減目標を明示するため、日本企業の目的達成の真面目さからして、実質的な義務として機能することが予想されます。第1フェーズは2023年度からの試行取引がスタートとなりますが、2024年10月末より超過削減枠の取引を開始し、2026年度から本格的に第2フェーズ（2026年度頃〜）が始まり、取引市場の本格稼働が予定されています。

　GX推進法では2028年から化石燃料賦課金の利用が予定され、場合によっては前倒しの開始も想定されており、2026年からの第2フェーズをにらんで動きが活発化すると考えられます。さらに、第3フェーズは2033年度頃から開始し、発電部門の段階的な有償化などが予定されています（**表3-6、図3-9**）。

　企業が自主設定・開示する削減目標を達成するため、削減クレジットを含め、国内の直接排出分（スコープ1）について、排出実績がNDC水準を超過削減した分を超過削減枠として売買が可能です。GX-ETSにおける取引では、未達の場合は超過削減枠、またはカーボンクレジットから調達することとなっており、カーボンクレジットとしてはJ-クレジット・JCMが適用可とされています。GX-ETSは、GXリーグ参画の多排出企業の排出削減技術開発・実装などへの投資促進策との連動も検討され、段階的な発展が想定されています。

　排出実績が目標を上回る場合は、超過削減枠や適格カーボンクレジットの調達、または未達理由を説明します。入札は、2021年度の直接排出量が10万t-CO₂e以上の参画企業のみ可能となります。

表3-6　GX排出量取引市場の概要

目的	○企業が自主設定・開示する削減目標を達成するため
概要	○経済産業省が創設したGXリーグの参加企業が行う自主的な排出量取引 ○第1フェーズ（2023年度〜）：試行 ○第2フェーズ（2026年度頃〜）：取引市場の本格稼働 ○第3フェーズ（2033年度頃）：発電部門の段階的な有償化など
開始年	○2024年10月末より超過削減枠の取引を開始し、2026年度より本格稼働予定
取引商品	○国内の直接排出分（スコープ1）について、排出実績がNDC水準を超過削減した分を超過削減枠として売買可能 ○排出実績が目標を上回る場合は、超過削減枠や適格カーボンクレジットの調達または未達理由を説明
取引タイミング	○未定
入札者/応札者	○入札は2021年度の直接排出量が10万t-CO₂e以上の参画企業（Group G）のみ可能

出所：GXリーグ「GX-ETSの概要」2023年2月、第7回GX実行会議「資料1 我が国のグリーントランスフォーメーション実現に向けて」2023年8月23日をもとに作成

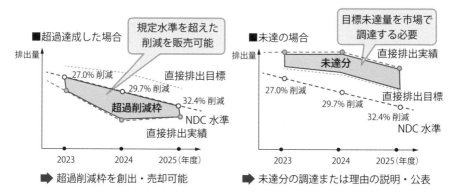

図3-9　GX排出量取引市場の仕組み

Point
- GX排出量取引市場は2026年からの本格運用に向け関心が高まっているところ
- 非化石証書、J-クレジットを集約化する形で中核市場となることが想定
- 化石燃料賦課金の開始と併せて、非化石経済への転換を牽引

(36) サプライチェーン排出量からの示唆

サプライチェーン全体の脱炭素化は関係者の連携を促す

　CO$_2$排出量の抑制を含む電力調達は、サプライチェーン全体で連携するアライアンスを考えておかねばなりません。

　CO$_2$を中心とする温室効果ガスのサプライチェーン排出量は、事業者自らの燃料の燃焼や工業プロセスによる温室効果ガスの直接排出（スコープ1）、他社から供給された電気、熱・蒸気の使用に伴う間接排出（スコープ2）だけでなく、事業活動に関係する他社の排出（スコープ3）を含むあらゆる排出を合計した温室効果ガスの排出量（サプライチェーン排出量＝スコープ1排出量＋スコープ2排出量＋スコープ3排出量）を指します。すなわち、原材料調達・製造・物流・販売・廃棄など、一連の流れ全体から発生する温室効果ガス排出量です。スコープ3基準は製品・サービス、事業から出る廃棄物、出張・通勤などの移動、リース資産など15にわたる幅広いカテゴリーをカバーし、事業の関係者全体が協力し合って温室効果ガス排出を削減することを促しています（図3-10、図3-11）。

　サプライチェーン全体のRE100を目指すアップル社は部品調達先にも賛同を求め、iPhoneの部材を供給するモーター、半導体・電子部品、精密部品、ベアリング、化学品部材、ディスプレイ、液晶フィルム、樹脂製品、金型設計、金属製品加工など幅広い業種でソニーや日本電産、ミネベアミツミなど日本の大手企業がアップル社のRE100に賛同しています。これらの企業は通常の工場への太陽光発電設置はもちろん、工場敷地外への太陽光発電の設置、水力発電の拡充など再生可能エネルギーの取り組みを強化しています。消費者との接点が多く、エネルギー使用量が少ないIT企業はRE100により積極的に取り組みを進め、その調達先企業には踏み込んだアクションが求められています。

　ドイツ企業は、製品ライフサイクル全体のCO$_2$排出（PCF：プロダクト・カーボンフットプリント）を追跡する取り組みを積極的に進めています。ドイツ化学メーカーのBASFは2022年10月に、塗料などとして用いられるネオペンチルグリコールについて廃棄物原料や再生可能エネルギー電力を用いることで、資源採掘から製品搬出までのCO$_2$排出ゼロを達成したと発表しています。

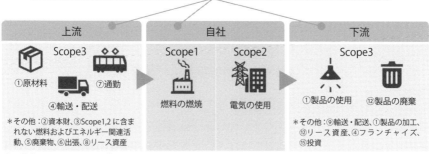

サプライチェーン排出量＝Scope1 排出量＋Scope2 排出量＋Scope3 排出量

○の数字は Scope 3 のカテゴリー

Scope1：事業者自らによる温室効果ガスの直接排出（燃料の燃焼、工業プロセス）
Scope2：他社から供給された電気、熱・蒸気の使用に伴う間接排出
Scope3：Scope1、Scope2 以外の間接排出（事業者の活動に関連する他社の排出）

出所：環境省「グリーン・バリューチェーンプラットフォーム」に加筆

図3-10　サプライチェーン排出量

素材製造事業者 1 が、排出量を削減したときのイメージ例

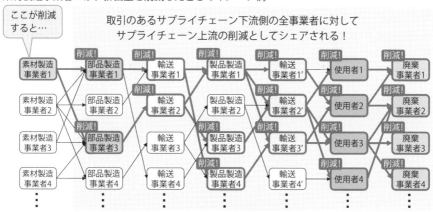

出所：環境省「グリーン・バリューチェーンプラットフォーム」に加筆

図3-11　サプライチェーン排出量の特徴

Point

● サプライチェーン排出量は事業の関係者全体で取り組むことが必要

● 電力の取り組み方もアライアンスを視野に

● アップルの取引先などRE100企業は再生可能エネルギーの導入が必須

国際燃料市場の今後のポイント

共和党政権に戻れば石油の復権や国際関係への影響が不可避

　トランプ政権が脱炭素を進めるパリ協定からの離脱を表明し、石油採掘の規制を緩和したのは世界のエネルギー動向に大きな影響を与えました。しかし、トランプ政権に限らず歴代の共和党政権は、石油産業との密接な関係と脱炭素に対する懐疑的な態度を取ってきました（表3-7）。気温上昇の兆候が明確に出てきて、気候変動の状況が見られる中で、脱炭素を完全否定する人も減ってはきましたが、産業としての石油産業は依然として共和党の重要な資金源です。

　したがって、2024年の大統領選で共和党が勝利した場合、バイデン政権下で厳しくなっていた環境規制が緩められ、石油増産に向かう可能性があります。また、共和党はサウジアラビアとの関係も良好なことが多く、バイデン政権下で距離が生まれ、原油減産を続けるサウジアラビアが米国政府の意向に沿って、原油増産に向かうことが考えられるでしょう。場合によっては、ウクライナ支持を徹底してきた米国政府が、ロシアとの関係を見直す可能性もゼロとは言い切れません。

　ガザ地区をめぐるハマスとイスラエルの紛争はバイデン政権への批判につながり、共和党の伝統的な石油を通じた中東への関与に道を開くかもしれません。自国保護の観点から、シェールオイル増産に舵を切ることも考えられます。

　原油供給量が増えれば、原油価格が低下し、天然ガス価格や石炭価格に波及します。この状況では、火力発電の価格が大幅に低下することになるでしょう。小売電気料金も低下し、電気料金の議論が下火になるかもしれません。

　一方、2020年の大統領選では、代表的な共和党の保守派として知られた資産家のチャールズ・コーク氏がアメリカ社会の分断を進めたトランプ政権ではなく、バイデン政権を支持しました。コーク氏は石油関連企業も所有するなど石油産業との関係が深いのですが、米国社会の構造変化も徐々に進んできているとも言えます。

　民主党政権になれば、脱炭素政策を加速させるでしょう。電気自動車の導入も加速することになります。

　いずれにしろ、国際燃料市場は米国の影響が依然として大きい状況です。ウクライナや中東情勢はもちろんのこと、米国の政治動向は国際エネルギー動向に影響を与えます。日本の電力コストを考える際にも見逃せません。

表3-7　歴代の共和党政権と民主党政権の脱炭素に対する方針

時期	民主党	共和党
1979年	カーター政権が再生可能エネルギーを20%に引き上げる政策を打ち出し	―
1981年	―	レーガン政権がエネルギー省の再生可能エネルギー予算を削減
1997年	クリントン政権がCOP3京都会議で1990年比7%削減に合意	―
2001年	―	ブッシュ政権が京都議定書離脱
2015年	オバマ大統領がパリ協定に参画を決定	―
2017年	―	トランプ大統領がパリ協定離脱を宣言
2021年	バイデン大統領がパリ協定復帰を表明	―

Point

● 共和党政権になれば石油が復権し、サウジアラビアやロシアとの関係も変化

● 一方で民主党政権になれば、再生可能エネルギーの動きはさらに加速

● 米国の政治動向は国際エネルギー動向の観点でも注目

(38) 太陽光発電事業の動向

これからの太陽光発電を担うのは工場

施工コストを含め太陽光発電の発電コストが下がってきたため、工場では燃料費を用いず自家発電できる工場敷地や、屋根置き太陽光発電のメリットが高まっています。自社の工場敷地に設置する場合は、3〜6円/kWhの託送料金を支払う必要がなく、電力コストを抑えられるメリットがあります。また、燃料費が高騰して小売電気料金が高騰している場合、一度設置したら燃料費が変わらず、当初の設備投資コストの償却費ベースで発電コストが決まる太陽光発電の優位性は大きいでしょう。

工場の敷地でなくても、自己託送制度によって、自社の設立した遠方の太陽光発電所からの電力を自社の工場で利用できます。自己託送制度は、自社で太陽光発電を所有しなくても、組合の設立により自己託送で電力を供給する形を取れるため、太陽光発電の電力を調達しやすくなっています。

太陽光発電の設置が難しい場合、市場から再生可能エネルギー電力を調達することも可能です。FITの電力は一般送配電事業者が買い取り、電力取引市場で取引に出すため、その電力を電力取引市場から発電所証明（トラッキング）付きの非化石証書を購入すればよいのです。このことにより、制度的に担保された状態で当該発電所の非化石証書を買い取ることができます。対外的に産地証明のついた電力を調達していると表明することも可能です。

東日本大震災以降、再生可能エネルギー電力を調達しやすくなりました。メガソーラー（大規模太陽光発電）事業者が、FITでの買取保証を利用して発電事業を行うとともに、その電力を販売するようになったからです。

当初40円（税込42円）でスタートした太陽光発電の買取価格は段階的に下げられ、2020年以降は入札制度が基本（卒FIT）となり、入札なしでの買取は50kW未満に限定されています。2023年度は50kW以上のものは9.5円/kWh、2024年度は9.2円/kWhとさらに価格が下がっている状況です。空き地が不足してきたことから、屋根置き太陽光発電の導入を促進する目的で、2024年度から買取価格を12円/kWhと2割程度高い価格に設定しています（図3-12）。

　太陽光発電への期待はまだまだ続きます。太陽光発電の電力をどのように活用するか、工場にとっては重要なテーマです。

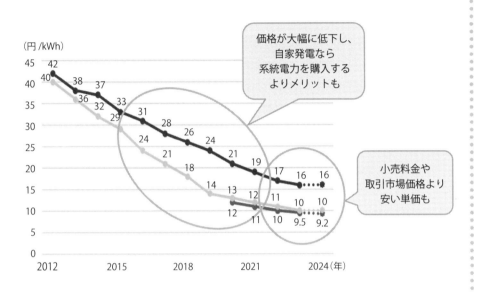

図3-12　太陽光発電の買取価格

出所：資源エネルギー庁

Point

● 需要家サイトへの太陽光発電設置は有力な電力調達の選択肢
● 託送料金の支払いなし、燃料費高騰のリスク回避のメリットは大きい
● 太陽光発電はFIT終了後も義務化や支援制度で後押しが図られることは必須

39 自社工場設置(自己所有/オンサイトPPA)の再生可能エネルギーコスト

工場敷地や屋根置き太陽光発電は大きな潮流

FIT買取価格の低下と小売電気料金の高騰により、自社工場の自家発電として太陽光発電を利用するメリットが高まっています。

自社工場への太陽光発電を考えた場合、いくつかのハードルがあります。

1つ目は、工場敷地や屋根が狭すぎることです。工場の電力需要が大きい電力多消費型工場では太陽光発電の設置面積が小さすぎ、需要に応じた発電ができません。屋根がトタン屋根のような脆弱な構造の場合、太陽光発電の架台の設置が難しくなります。

2つ目は、太陽光発電は昼と夜の発電差が大きいことです。太陽光発電の電力で不足する電力を調達するには、小売電気事業者に補完してもらうことになります。小売電気事業者とってコストのかかる供給になることが想定され、電力単価の条件が悪くなる可能性があるのです。物流施設のように電力需要が大きくない割に屋根の面積が大きい場合、余剰電力が発生することも考えられます。蓄電池の設置などによる時間調整も考えておかなければなりません。

3つ目は、太陽光発電設備の投資額の負担です。これまで、電力コストはフローで毎月の支払いをベースにしてきたところに、10年分など長期の電気代を支払うことになります。これに対しては、事業者に負担してもらう選択肢が考えられます。一つはリース活用で初期投資負担を回避しつつ、段階的に返済することです。もう一つは事業者に屋根を貸し出して太陽光発電を設置してもらい、電気料金だけ支払うオンサイトPPA（Power Purchase Agreement）と呼ばれる方法です（**図3-13**、**表3-8**）。電気事業者が小売事業者として電気を供給してくれるのに近く、太陽光発電の設置を含めた全体を委託することもあり得ます。

太陽光発電の電力が余剰になる場合は、蓄電池を設置する選択肢も浮上します。蓄電池のコストを最小化するためには、市場への販売も考えることが必要です。

そもそも、自社敷地に太陽光発電を設置する際にポイントとなるのは、脱炭素か電力コスト削減のどちらが主な目的か、ということです。脱炭素が目的でCO_2を100％削減できないと意味がないのであれば、電力調達をすべて再生可能エネ

ルギーにする必要があり、その場合は別の手段も考えた方がいいでしょう。一方、電力コスト削減が目的であれば、需要に到達しなくても託送料金のかからない電力調達はプラスに働くため、導入を積極的に考えた方がいいわけです。電力単価のボラティリティが大きくなることを考えると、電力コストを固定することは一定のメリットがあります。

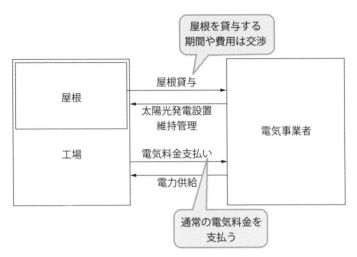

図3-13　オンサイトPPAの仕組み

表3-8　オンサイトPPAの長所と短所

主体	長所	短所
工場	○無償で太陽光発電設置	○補強工事 ○移設の際の補償
工場	○電力コストの固定化 ○CO_2排出削減	○長期契約
電気事業者	○安定的な需要家確保	○長期での投資回収

Point

● 工場敷地の空き地や屋根がある場合は太陽光発電の自家利用を検討

● 工場の需要に一致する供給は不可能

● 導入意義を踏まえた実施可否、導入規模の判断が必要

㊵ 注目される ペロブスカイト型太陽光発電

ペロブスカイト型は日本で導入しないといけない太陽光発電

　屋根に太陽光発電を設置することは多くの工場で検討されていますが、その際に問題となるのは、屋根の強度が足らないことです。太陽光発電を固定する架台を設置する強度がないことが多いのです。

　それに対して期待されているのが、ペロブスカイト型太陽光発電です。軽量で柔軟性のあるペロブスカイト型太陽光発電は、さまざまな場所に設置できる可能性があります。

　ペロブスカイト太陽光発電は桐蔭横浜学園大学の宮坂力教授が開発した日本発の技術ですが、すでに中国が商用化で先行しています。日本政府も支援に力を入れて研究開発や実証を支援し、積水化学やカネカ、東芝、アイシンなどが開発・実証を進め、積水化学は2025年に全面開業するJR西日本のうめきた地下駅ビル広場へ設置されます（**図3-14**）。

　課題は発電コストですが、資源エネルギー庁は2025年前後には一定条件下で20円/kWhを達成し、将来的には14円/kWhを達成するとしています。現段階では、ESG評価の観点でペロブスカイト型太陽光発電の導入の潜在ニーズが高まっており、導入事例が増えると見込まれます。

　また現在は、日射角度など個別の条件下で発電効率が上がらないなどの課題もありますが、現状進められる実証での解決が期待されます。政府はNEDO（国立研究開発法人新エネルギー・産業技術総合開発機構）を通じて技術開発を支援し、政府として重要視している技術です。

　広大な土地を持たない日本は元来、屋根置き太陽光発電の普及を目指していました。それがFITの登場で、発電効率や屋根の上に置きやすいなどの技術的な優位性がたとえなくとも、巨大な太陽光発電を砂漠に置けば低コストで発電できるというビジネスモデルが登場し、太陽光発電の世界は一変しました。日本はきめ細かに建物の壁面や設置しにくい屋根を活用し、発電量を積み上げていくしかありません。

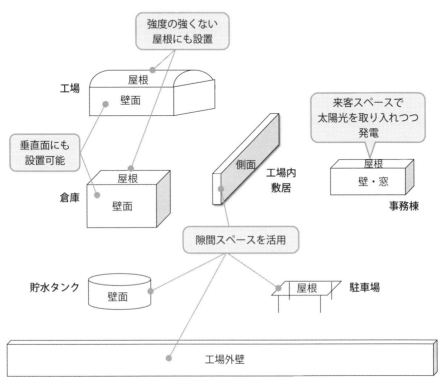

図3-14 ペロブスカイト型太陽光発電の設置場所イメージ

Point

● 工場の屋根に重い架台を設置せずに済むペロブスカイト太陽光発電は最適

● 実証には政府も積極的に支援

● 2025年には街中への設置が開始

㊶ 自社工場以外に設置する(自己託送/オフサイトPPA)再エネコスト

オフサイトの自家発電は自社工場敷地への再エネ設置の代替手段として有効

　自社工場の敷地や屋根の面積が不足していたり、屋根の強度が十分でなかったりする場合でも、自社工場以外の敷地に太陽光発電を設置して一般送配電事業者の送配電網を活用し、電力を自社に送電する自己託送制度を利用することができます。再生可能エネルギー賦課金の支払いは自己託送制度を用いる場合、支払い負担がなくなります。実質的に自家発電と見なされるからです。そのため、自己託送制度を用いて太陽光発電を工場敷地外に建設する事例も多く見られます。

　もっともデメリットもあります。例えば、需要と供給の計画をOCCTOに報告する義務が発生します。また、新設発電所でないといけない（既設の発電所からの切り替えはできない）という制約もあります。このほか、送配電網の使用料（託送料金）がかかることも難点です。kWh当たり3円から6円ほどのコストが上乗せされ、自社工場の自家発電と比べてメリットが低下します（図3-15）。

　自己託送は送配電網を用いることで、電力システム全体の需給マッチングに協力しなければなりません。計画値同時同量を守らなければならず、30分ごとの需給管理システムを整えて、報告ができる体制の構築が必要です。長期的にはFITの発電所が終了を迎える方向で、再生可能エネルギー発電促進賦課金の額が減少するため、賦課金を支払わないメリットも効果が薄くなるかもしれません。

　自社所有で自社によるオペレーションが自己託送の要件ですが、事業者との間で組合を組成し、長期的な関係を結んで安定的に利用する条件が確保できれば、事業者に頼ることもできます。自己託送を利用した太陽光発電の設置は敷地の制約のない現実的な手段と考えられ、多くの事業者が参入してサービスを行っています。

　計画提出という面倒なタスクの生じる自己託送ではなく、PPA（電力購入契約）という発電した電力を必ず引き取るオフテーカー（引き取り手）になることも考えられます。これは一般的な電力購入契約ですが、工場敷地内に設置するオンサイトの発電の電力を買い取るのではなく、工場敷地外のオフサイトの発電の電力を買い取るためオフサイトPPAと呼ばれます。自己託送と違い、1つの太陽光発電所の発電量すべてを買い取らなくてもよいことになります。

①自己託送

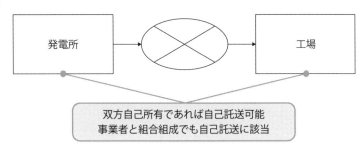

②オフサイト PPA

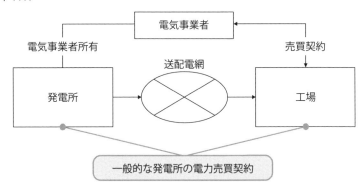

	発電契約	小売契約
自己託送（自社）	自己所有	託送料＋サービス支払い
自己託送（組合）	事業者所有	電気料金＋サービス料支払い
オフサイト PPA	事業者所有	電気料金＋サービス料支払い

図3-15　自己託送制度を活用した再生可能エネルギー導入形態

Point

● 自己託送は工場敷地や屋根への設置ほどのメリットはないが、有力な自家発電
● 再エネ賦課金の支払い免除がメリットで、計画提出対応がデメリット
● 他社にすべて任せて安定的に太陽光発電の電力を調達する方法も選択肢に

42 水力発電の動向

中小水力発電投資と治水ダムの発電利用で投資機会が増える

　新規ダム建設がなく、発電所の老朽化などがあり、水力発電量はFIT導入後も増えていません。水力発電は旧一般電気事業者による大型発電ダムのイメージが強く、手を出しにくい印象もあるのでしょう。水力発電の開発に取り組んで断念した企業もあります。

　しかし、今、水力発電の開発が動き出しています。長期間新設の少なく、数の減った水力発電の技術者では抱えきれない需要が生まれてきています。

　水力発電は、電気事業者ではなく民間企業が保有し、運営してきた実績もあります。JR東日本（東日本旅客鉄道）は数十万kWの電力会社並みの発電所を所有し、数万kW規模の水力発電設備を非鉄金属・化学メーカーなどが所有する事例が見られます（表3-9）。

　ダムのように水を貯留するのではなく、流れ込み式で中小規模の水力発電を民間企業が手掛ける事例も出てきています。例えば、デンカは新潟県糸魚川市青梅工場の上流に8,100kWの発電出力を持つ水力発電所を建設しました。これまでも水力発電を運転してきた実績を生かし、環境負荷の低い流れ込み式の水力発電の建設に踏み切ったのです。また、東亞合成は長野県に小水力発電を建設することを表明しています。

　その他に期待されるのが、治水ダムへの水力発電の設置です。ダムの発電事業は単独では難しいですが、自治体企業局やその他の水力発電事業者と連携することも考えられます。国土交通省のハイブリッドダム政策を推進し、治水ダム（正確には洪水調整機能を持つ多目的ダム）で、気象予測や水の流入量予測を行い、リアルタイムで水位を調整できるDXシステムを導入し、治水と発電を両立させるような民間企業が参加した新たな水力発電事業を進めています（図3-16）。栃木県の湯西川ダム、島根県の尾原ダム、愛媛県の野村ダムという3つの国直轄の商用発電を行っていない治水ダムで発電の検討が進められています。

　長期脱炭素電源オークション制度での水力発電事業も期待が大きくなっています。火力発電を中心とした発電設備容量を確保するために行われていた容量市場

で、水力発電の新設やリプレースを後押しする仕組みが追加され、採択された案件は 20 年間にわたる長期の固定収入を獲得できます。2024 年 1 月にオークションが実施される予定で、水力発電への投資の起爆剤になることが期待されています。

表3-9　民間企業が所有する水力発電ダム

ダム名	都道府県	河川	竣工	有効貯水容量 （千㎥）	ダム事業者	発電所名	最大出力 （kW）
千歳第三	北海道	石狩川千歳川	1918	483	王子製紙(株)	千歳第三	3,300
千歳第四	北海道	石狩川千歳川	1919	338	王子製紙(株)	千歳第四	3,600
幌満川第3	北海道	幌満川幌満川	1954	12,813	新日本電工(株)	幌満川第三	6,221
赤芝	山形県	荒川荒川	1954	1,632	リニューアブル・ジャパン(株)	赤芝	5,200
旭	福島県	阿賀野川阿賀川	1935	455	レゾナック	湯ノ上	7,200
浅河原調整池	新潟県	信濃川信濃川	1945	853	東日本旅客鉄道(株)	千手	120,000
岩船	新潟県	荒川荒川	1961	1,072	荒川水力電気(株)	岩船	11,500
新小荒	新潟県	阿賀野川実川	2003	−	東北自然エネルギー(株)	新小荒	11,000
山本第二調整池	新潟県	信濃川信濃川	1990	3,200	東日本旅客鉄道(株)	新小千谷	206,000
山本調整池	新潟県	信濃川信濃川	1954	1,032	東日本旅客鉄道(株)	小千谷	123,000
柿元	山梨県	富士川佐野川	1952	7,185	日本軽金属(株)	佐野川	5,800
神岳	岐阜県	木曾川坂内川	1935	150	イビデン(株)	川上	4,400
双六	岐阜県	神通川双六川	1953	−	富山共同自家発電(株)	見座	25,500
芋洗谷	宮崎県	五ヶ瀬川芋洗谷川	1930	38	JNCエンジニアリング(株)	高千穂	14,400
星山	宮崎県	五ヶ瀬川五ヶ瀬川	1942	919	旭化成(株)	星山	12,200
尾立	鹿児島県	安房川荒川	1963	2,010	屋久島電工(株)	安房川第一	23,200

出所：ダム便覧をもとに日本総合研究所作成

> 民間企業の所有する水力発電は数千から数万 kW が一般的

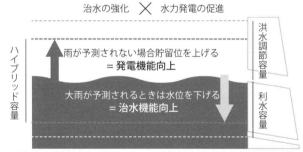

ハイブリッドダム

治水の強化　✕　水力発電の促進

出所：日本総合研究所　「ダムの治水・発電併用やデータ連携を起点にした流域全体の災害対策・地域振興」に向けた政策提言

図3-16　治水と発電のハイブリッド化

Point

- 水力発電ダムは非電力会社も保有し、中小水力発電は拡がりを見せている
- 拡大余地が大きい治水ダムの発電利用への一部出資も選択肢
- 長期脱炭素電源オークション制度の動向にも着目

㊸ バイオマス発電の動向

カーボンニュートラル、サーキュラーエコノミーでバイオマスは不可欠

　未利用木材や農業残渣を用いるバイオマス発電の導入は順調に推移しています（**図3-17**）。やし殻を輸入する形が主流でしたが、海外からのやし殻の輸入は、マレーシアなど現地の労働環境に対する懸念もあり、供給増は見込みにくい状況です。バイオマス発電は燃料コストがなかなか低下しないため、FITの価格も下がっていません（**図3-18**）。

　相対的に国際的な化石燃料価格の高騰を受けにくい国内のバイオマスが今後の主流です。林業が衰退していることで、建材のサプライチェーンが細り、日本の森林は急峻な山地であることが多く、林道が整備されていないことも多いため、低コストの木質バイオマスの調達が容易ではないとの声が上がります。国内木質バイオマスの大量調達は難しいですが、地域の電力・熱利用に必要な調達は十分可能で、小規模利用の基盤を作りやすいと言えます。大規模木材バリューチェーンは難しいですが、小規模のバイオマス供給網に向けた整備は以前より進んでいます。建材や製紙、プラスチック・燃料素材など多様な用途に用いる中でコストを下げる対策が模索されており、長期的には資源供給が活発になります。

　日本の木材資源供給の環境に合わせて、2015年から未利用木質バイオマスを燃料とした2,000kW以下の発電に対して、買取価格40円/kWhの高値が設定されています。ガス化発電は発電効率が小型でも落ちにくいため、極端に言えば50kW未満で低圧に接続できるもので、その利用が期待されています。木質バイオマスのガス化発電はタールの問題でなかなか増えませんでしたが、スパナやボルタ、ブルクハルトなど海外メーカーの機器が10年以上前から試行され、近年では実績が増えています。

　FIT導入前に建設されていたバイオマス発電の中には、2030年より前にFIT認定切れするバイオマス発電も出るとされ、この電力を工場が利用する可能性も考えられます。

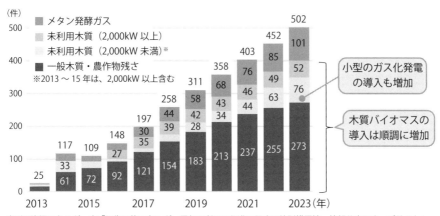

出所：資源エネルギー庁「再生可能エネルギー電気の利用の促進に関する特別措置法・情報公表用ウェブサイト」

図3-17　バイオマス発電の導入件数推移

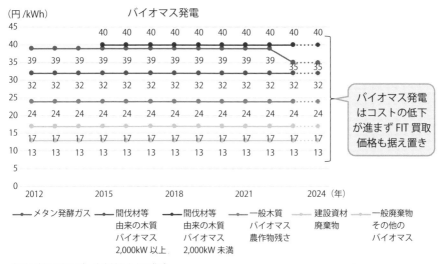

出所：資源エネルギー庁資料をもとに作成

図3-18　バイオマス発電の買取価格推移

Point

● 化石燃料価格の高騰の影響を国内バイオマス価格は相対的に受けにくい

● 化石燃料に代わる炭素原料としても森林資源への関心が拡大する

● 小規模バイオマス発電の拡大を含め、依然として重要な領域

㊹ 風力発電の動向

風力発電は一部出資の形での参画の可能性

　風力発電は、北海道から東北と九州で多く建設されていますが、四国や千葉県を中心とする関東、北陸から山陰地方にかけての日本海側でも導入が徐々に進み、全国的に広がっています。FITの価格が低下してきたように、コストの低減も進んでいます（**図3-19**）。

　風力発電のポテンシャルを見込み、コスモ石油がエコパワーを、ENEOSがジャパン・リニューアル・エナジー（JRE）を、NTTとJERAがグリーン・パワー・インベストメント（GPI）を買収するなど、ベンチャー企業を大手企業が買収する事例も見られます。

　エネルギー会社以外でも、関東・甲信越・東北エリアに鉄道事業を展開するJR東日本はJR東日本エネルギー開発を立ち上げ、積極的に風力発電の開発を進めてきました。もちろん地域や環境への貢献を目指し、風力発電の適地である東北地方では積極的に風力発電の開発を行ってきています。また、東急不動産は大阪ガスと共同で、青森県の風力発電プロジェクト（合同会社青森風力）に匿名組合出資を行っています。単独の風力発電建設は容易でないにしても、プロジェクトへの一部出資の形での参画が今後増えてくるでしょう。

　ただし、今後の風力発電の導入拡大を考えると、陸上での大量設置は風況や送電線の問題で限界があります。したがって、資源エネルギー庁は洋上に集中的に大規模風力発電所を建設し、送電線の整備をそこに集中させる方針です。日本海側に直流送電の送電線を設置し、大量輸送ができるような基盤を整えようとしています。

　すでに、全国で3,500万kWの洋上風力発電計画が提出され、環境アセスの手続きや開発の実施などが進められています。最初の入札では三菱商事が落札しましたが、今後も入札を希望する事業者は大資本を持つ商社やエネルギー会社、ファンドなどが参加を表明しています。メガソーラー事業に成功した再生可能エネルギー事業者は洋上風力発電を次のターゲットにしており、大きな動きになるはずです。工場も一部資本参加や開発案件の買取などの動きが出てくると考えら

れます。洋上風力発電も余剰電力が発生する可能性があり、蓄電池の整備や需要家のいる都市部への輸送網を準備することが必要です。

　洋上風力の問題は、2030年以降にしか実現できないことです。2030～2035年には8～9円/kWhの発電コストを目指しており、2030年以降になると、建設する洋上風力発電からの電力調達が活発になるでしょう。工場が調達する電力の中心になってくる可能性もあります。しかし、あくまで長期投資の仕組みを考えないといけません。2030年までを考えれば、業界の再編を含め、既設の風力発電の二次取引市場も焦点の一つでしょう。

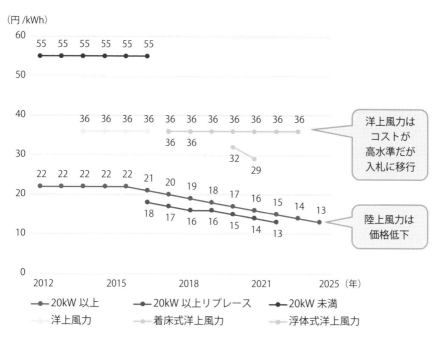

出所：資源エネルギー庁資料をもとに作成

図3-19　発電コストが低下する風力発電

Point

● 風力発電に対してはプロジェクト一部出資の形態が増加
● 3,500万kWの発電を見込む洋上風力発電へ、2030年以降を見据えて長期投資
● 短期的には既存陸上風力発電への一部参加が焦点

㊺ 蓄電池導入の動向

あらゆるお金は蓄電池の導入へ

2030年に向けて太陽光発電の爆発的増加が見込まれる中で、昼の発電量と夜の発電量の差が拡大することは確実です。このため電力を一時的に貯蔵する仕組みは不可避で、蓄電池を増やす以外の選択肢はありません。

現在、蓄電池には政府と民間が一体となって、巨大な動きになろうとしています。現在動いている蓄電池事業には4つのタイプがあります（表3-10）。

1つ目は、安定的に長期投資を行う「インフラ投資型」です。容量市場で一般送配電事業者や小売電気事業者による電力調整用の蓄電池の提供市場です。蓄電池の整備を進めるため、2024年1月に初回が開催される長期脱炭素電源オークションに投資家が関心を示しています。FITの太陽光発電事業で安定収益を得ることができたファンド投資家は安定収益に魅力を感じるからです。

2つ目は、スポット市場、需給調整市場での価格変動の値差を活用した収益を狙う「トレーディング型」です。電力価格が安いときに充電し、高いときに電力を販売する金融取引に近い市場リスクを取る事業です。瞬時の反応が必要なため、リチウムイオン電池が使われます。これは、リスク管理能力やリスクある収益モデルに対する資金調達の難しさが指摘されています。

3つ目は、太陽光発電事業者が発電量を拡大する「発電強化型」です。太陽光発電は余剰電力が発生する場合に発電を停止し、収益を失う可能性があります。また、一般的に太陽光発電は朝と夕方の発電量を増やすため、過積載といって、昼間のピークで決められた発電のピークよりも大きな発電容量の太陽光発電を設置しています。これは逆に、昼間のピークは一部発電した電力を捨てることを意味します。これを貯めておけば、発電量の増加につなげられるわけです。

4つ目は、小売電気事業者が需給調整を避けるために行う「小売需給調整型」です。小売電気事業者は供給する電力の調達が上手くいかない場合、高騰するインバランス料金を支払うリスクを抱えています。したがって、そのリスクを軽減するために蓄電池の導入を行うのです。大容量が必要なため、リチウムイオン電池だけでなく、NAS電池が利用されています。

　もちろん個別に動いているだけでなく、上記のモデルを組み合わせることもあります。各事業者の目的に合わせて蓄電池事業が工夫されてきました。蓄電池システムへの補助も多く出てきており、補助金を活用して多くの企業が投資を進めています（**表3-11**）。資金ニーズ、電力需要ニーズがある中で、事業者と工場の連携の可能性が考えられます。

表3-10　蓄電池ビジネスの類型

類型	サービス提供先	対象場所	内容
インフラ投資型	一般送配電事業者	容量市場（長期脱炭素電源オークション）	○需給調整用に蓄電池提供 ○20年長期固定収益
トレーディング型	一般送配電事業者	スポット市場 需給調整市場	○需給調整に自ら参加 ○市場の価格値差を収益化
発電強化型	太陽光発電事業者	太陽光発電所	○余剰太陽光発電を蓄電 ○太陽光発電販売量の最大化
小売需給調整型	小売電気事業者	需要家	○小売需給調整で調整電源化 ○インバランス料金最小化

表3-11　蓄電池システムへの補助（例）

区分		補助率	補助上限額（※）
①下記の新型蓄電システム導入に関わる設計費・設備費・工事費 ○新規技術開発蓄電システム ○電動車の駆動用に使用された蓄電池モジュールを2次利用し組み込まれた蓄電システム		1/2以内	20億円
上記以外の蓄電システム導入に関わる設計費・設備費・工事費	②電力系統側への定格出力が1,000kW以上10,000kW未満	1/3以内	10億円
	③電力系統側への定格出力が10,000kW以上	1/2以内	20億円

※1申請当たりの補助上限額
出所：一般社団法人環境総合イニシアチブ「令和5年度系統用蓄電池等導入支援および実証支援事業公募要領〈2次公募〉」より抜粋

Point
- 太陽光発電の増加に対応できるのは蓄電池の導入のみ
- 蓄電池にはいくつかのビジネスモデルが存在する
- 投資家や電気事業者と連携した工場らしいビジネスモデルが必要

㊻ 規制時代から続く 小売電気料金メニュー

小売電気料金メニューは伝統的な旧一般電気事業者のものを踏襲

　小売料金はあらゆる需要家に対して自由化されています。したがって、小売電気事業者は自由に小売電気料金メニューを作ることが可能です。しかし、規制された電気事業の時代の総括原価方式の料金メニューは、依然として小売電気料金メニューのひな型となっています。この料金メニューの最大の問題点は、化石燃料の価格リスクが一方的に工場に転嫁されることです。そもそも料金メニューが変わらないのには3つの理由があります。

　1つ目は、旧一般電気事業者の発電構成が火力発電中心のためです。旧一般電気事業者の料金メニューは、燃料費をそのまま需要家に移転します。特に燃料価格は、国際市場の石炭価格や天然ガス価格に依存せざるを得ず、その変動リスクを需要家に転嫁することで、小売電気事業としての過大なリスクを負わずに安定的に電気小売事業を行えます。小売料金は基本料金と従量料金に分けられます。基本料金は、発電設備や送変電設備のストックの投資コストを賄います。従量料金は、フローで発生する燃料費を賄うことが目的とされました。

　2つ目は、旧一般電気事業者が過去の総括原価方式を継承し、新電力もそれを追従しているからです。新電力は、「その料金に対する何％を割り引きます」という売り方をするのが、需要家にわかりやすいのが実態です。それ以外の料金メニューを取った場合、需要家にそのリスクの違いを説明しなければならなくなります。

　3つ目は、規制項目が残っているからです。その中で最も影響の大きなものが託送料金です。託送料金は電力を輸送するコストで、一般送配電事業者のコストから算定されます。送配電事業は電力システムの基盤であり、発電や小売と違って規制対象です。また、再生可能エネルギー発電促進賦課金についても支払い義務があります。FITにより再生可能エネルギー発電事業者は、通常の電力価格より高い価格で電力を買い取ってもらえ、この価格上乗せ分はあらゆる需要家が使った電力量（kWh）に応じて負担します。

　その結果、一般的な小売電気料金は電気事業者の固定費用となる基本料金と、

燃料費調整を含む電力使用量に応じた単価が課金されます（**図3-20**）。

しかし、近年は小売料金メニューも徐々に変化しています。昼間時間帯の需要創出、夜間時間帯からの需要シフトを促進する料金メニューや、需要家のニーズに応じた市場連動の料金メニューを提供する事業者が増えてきました。旧一般電気事業者による市場価格連動メニューも出てきています。

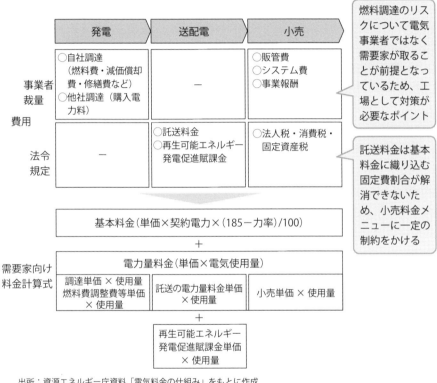

出所：資源エネルギー庁資料「電気料金の仕組み」をもとに作成

図3-20　小売料金の費用と料金計算式

Point

● 小売電気料金のメニューは規制事業時代の経緯に縛られる

● 火力発電が多い段階では、おいそれと料金メニューは変えられない

● ただし市場価格連動メニューも増加しており、価格交渉は今後も必要

47 需要家にリスクが転嫁される燃料費調整制度

小売電気料金は燃料で決まる

　小売電気料金で最も大きな変動要因は燃料価格です。ウクライナ戦争開始後、天然ガス価格が高騰し、電気小売料金は急上昇しました。単価で言えば、kWh当たり10円以上上昇しました。電気代が2倍になるような事態が発生したのです（**図3-21**）。

　燃料費は需要家に転嫁される前提で、電気料金メニューは作られています。それが燃料費調整制度と呼ばれるものです。燃料費調整制度は燃料価格の変動リスクを需要家に転嫁する目的で作られたもので、石油や天然ガスなど複数の燃料をもとに決定されています。

　燃料費調整制度は、自動的に燃料費を反映して値上げや値下げが行われます。原油やLNG、石炭の価格変動を電気料金に迅速に反映させるため、その変動に応じて毎月、電気料金を調整します。

　原油やLNG、石炭それぞれの3カ月間の貿易統計価格に基づき、毎月平均燃料価格を算定します。算定された平均燃料価格と、2012年1～3月平均の貿易統計価格に則して設定した基準燃料価格との差分に上乗せ（燃料価格が下落したら差し引き）して、燃料費調整単価を算定して電気料金に反映してきました。燃料価格の統計への反映に1～2カ月かかり、燃料価格の電気料金への反映に3カ月程度かかるため、国際的な市場動向が実際の工場運用に影響するのには4～5カ月のタイムラグが生じ、小売電気事業者が営業赤字に陥る一因です。また、取引市場価格に連動して発電事業者から電力を調達する場合、取引市場価格の高騰は小売事業者にとって赤字の原因になります。

　小売電気事業者はこの価格変動を需要家に移転できない場合、多大な損失を被ります。小売電気事業者はいかに燃料リスクを工場に負担してもらうか、工場はいかに燃料リスクを回避するか、を真剣に交渉することが必要です。別会社化された発電事業者のJERAから市場価格に近い単価で電力を調達する東京電力エナジーパートナーは、実態との乖離を埋めるため、燃料費調整に「市場価格調整項」を追加する改定を2023年4月より実施しています（**図3-22**）。

注：燃料費調整単価は特別高圧の計算式を用いた
出所：財務省貿易統計と東京電力エナジーパートナーの燃料費調整単価計算式をもとに作成

図 3-21　燃料単価と燃料費調整単価の推移

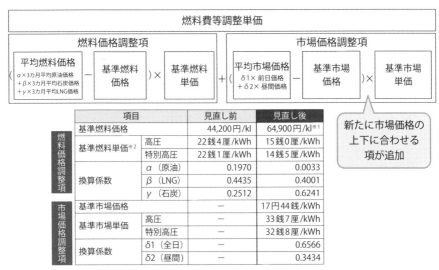

出所：東京電力エナジーパートナー「燃料費等調整単価」をもとに作成

図 3-22　燃料費調整単価の算定方法

● 小売電気料金は燃料の輸入単価に左右される

● 国際燃料市場と円安による影響を注視

● 燃料価格のリスクを小売電気事業者と工場でどのようにシェアするか

48 小売と市場の比較

絶えず入れ替わる小売価格と市場価格の相対関係は重要なベンチマーク

　一般的に小売電気料金は、電力取引市場の平均単価よりも高くなります。発電事業者が余剰になった電力を限界コストで販売するため、取引市場価格が安くなるおかげです。その結果、小売事業者は取引市場で電力を調達し、小売市場で電力を販売することで利益を出せます。

　小売電気事業者から大幅な値引きを受けている企業もあって一概には言えませんが、電力取引市場から直接電力を購入した方が電気料金を抑えられます。FITに基づく再生可能エネルギーの電力は市場を通じて買うことになりますが、特定の再生可能エネルギー発電所から電力を購入した場合でも、一般的な小売電気料金よりも安くなるのが通常です。

　ただし、ウクライナ戦争による燃料価格高騰を瞬時に反映した取引市場価格は、その反映が遅い小売電気料金を上回りました。平時は低コストで電力を調達できていたとしても、価格が10倍など極端に高騰し、一気に損を被るリスクも電力取引市場にはあるのです。いくつかの小売電気事業者が破綻に追い込まれたのもそれが原因です。2023年に入り、ウクライナ戦争の状況へのEUをはじめとする国際社会の対応が少しずつ進み、将来不安やそれを見越した投機マネーによる化石燃料市場の高騰が収まり、市場価格の低下が見られます（図3-23）。

　燃料価格の動向は予断を許しません。サウジアラビアは減産を続け、原油価格は下落一方ではないようです。

　有事の際には間違いなく化石燃料価格は高騰します。ガザ地区をめぐる紛争による化石燃料価格の上昇はその典型です。円安は日本の金融緩和の継続で金利がそう簡単には上げられない状況の中で、海外の景気動向はインフレ傾向にあり、海外の金利は高止まる傾向を見せています。化石燃料輸入価格はいつ上昇することがあってもおかしくありません。

　電力取引市場の平均価格は燃料費高騰に引きづられて上昇した一方、太陽光発電の余剰電力が効いて昼間の電力価格はゼロ円を示すことも多く、燃料費高騰による夜間の電気料金の上昇と対照的です。今のうちに、燃料費を固定するように

電力会社に働きかけたり、蓄電池による調整で価格を抑制したりするアプローチが必要かもしれません。いずれにしろ、リスクにどう対応するのかを検討しない選択肢はなさそうです。

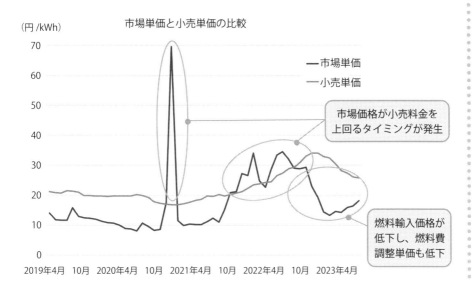

図3-23　小売と市場活用の価格水準の入れ替わり（例示）

出所：日本総合研究所作成

Point

● 平常時は市場価格が小売価格を下回る

● しかし、市場と小売料金の水準は常に入れ替わるため、その見極めが大切

● 燃料費固定や再生可能エネルギー発電の活用は考えておくべき選択肢

㊾ FIPで変わる再生可能エネルギーのコストイメージ

再生可能エネルギーは官製市場から競争市場へ

　固定価格買取制度（FIT）から、フィードインプレミアム制度（FIP）への移行が進んでいます。FIPが始まる前は、固定価格が決められたFIT継続を望む事業者の声も多くありました。再生可能エネルギーは高いもの、燃料による火力発電は安いものとの固定観念があり、高い再生可能エネルギーは安定的に高く買って欲しい、火力発電の発電コストで決まる取引市場の価格を元にすると、買い取ってもらえる再生可能エネルギーの価格が下がるという固定観念があったからです。

　しかし、燃料価格の高騰により火力発電コストが高騰したことで、再生可能エネルギーは高いものとの認識が変わりつつあります。燃料価格が上昇すると、相対的に再生可能エネルギーの発電コストは安くなります。燃料価格に連動する市場取引価格の上昇で、市場取引価格に連動するFIP基準価格（再生可能エネルギーの買取価格）が高くなります。そのため、発電事業者や投資家の中には、実質的に収益増になるスポット市場価格で買い取ってもらえるFIPを前向きに捉える声も出てきたのです。

　これは、実は政府にとっても同じです。再生可能エネルギーの国民（需要家）負担を低下させられるからです。

　2023年に市場価格の上昇で、再生可能エネルギー賦課金の単価が初めて減少しました（**図3-24**）。これはFITで買い取った電力が市場価格の高騰で高く売れ、思わぬ収益が出たからです。FITで想定されたときの電力価格に比べ、2022年度に市場で販売した電力が高く売れたのです。

　再生可能エネルギー発電促進賦課金制度では、FITの買取価格で購入した電力を市場で販売します。この売買は一般送配電事業者が担っていますが、収益は「費用負担調整機関」に入ります。この機関は収益を目的としているわけではないため、安く調達できて高く売れた電力販売収入を賦課金から差し引き、需要家に還元することになります。結果としてこの再生可能エネルギー発電促進賦課金の単価が低下し、国民負担が低下したのです。

　発電コスト低下のため、工場がFITやFIPを活用せずに太陽光発電の自社利用を考え始めるなど、官製市場から競争市場への移行が起こりつつあります。

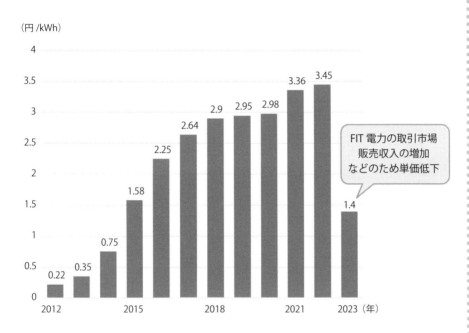

出所：資源エネルギー庁

図3-24　再生可能エネルギー発電促進賦課金の推移

Point

● 市場価格の基準値が上がりFITよりFIPでの買取価格が魅力的になりつつある
● 再生可能エネルギー発電促進賦課金が低下する効果もある
● 今後さらに再生可能エネルギーが通常の競争市場に移行していく

50 昼と夜の価格差

電力単価の変動は巡り巡って工場にも転嫁

　ウクライナ戦争を起点とした取引市場価格の混乱や小売電気料金の高騰は、電力価格が驚くほど変わり得ることを示しました。

　今後注目すべきは、必ず起こる昼と夜の価格差です。太陽光発電の比率が増えれば、必ず昼の発電が増えて夜の発電が減ります。そうなると昼の電気の価格は下がり、夜の電気の価格は上がります。これは、実際すでに起こっていることです（図3-25）。これを自らの電力コスト削減につなげられるかがポイントになります。

　この状況に対応するには、工場の操業の柔軟性を高める必要があります。電力価格の低いときに操業を行う、電力価格の高いときに操業を止める、前工程を一時的に止める、工程の一部の時間をずらす、稼働の水準を半分に抑える、あるいは工場全体でなくても事務棟の空調・照明を止めるなど、操業の柔軟性を工場に持たせることです。夜間の工場を停止させ、昼間に操業を行えば、電力コストは下がるかもしれません。一定の単価の電力ではなく、高くなったり安くなったりする電気単価の変動を利用するのです。

　もちろん、工場は電気料金にばかり合わせて操業するわけにはいきませんが、自然エネルギーが増えてくれば多かれ少なかれ、自然による電力価格の変動リスクをマネジメントすることは不可欠です。誰かがそのコストを負担せざるを得ないので、工場の思うままに操業すればコストの負担先になるリスクは高まります。エネルギーを好きな時間に使えたのは、巨大なエネルギー安定供給を行える化石燃料があったからです。自然エネルギーが主体となる時代には、操業時間ももはや聖域ではありません。

　もちろん自家発電の導入、蓄電池の導入も一つの対策となり得ます。ポイントとなるのは、電力の需給調整を行える体制を備えることです。価格差のリスクは小売電気事業者が引き受けることができますが、その場合、電気料金にリスク対応が反映され、工場にとっての電力料金は高くなります。工場がどこまで自らリスクを取れるかが電力コストに影響するのです。

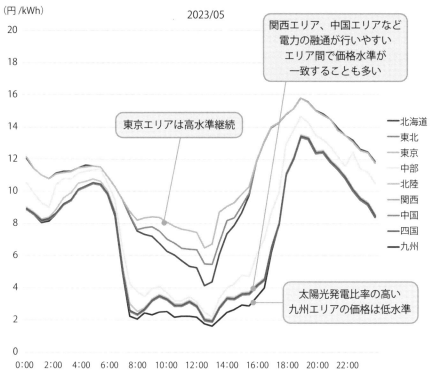

（円 /kWh）　　　　　　　　　2023/05

関西エリア、中国エリアなど
電力の融通が行いやすい
エリア間で価格水準が
一致することも多い

東京エリアは高水準継続

北海道
東北
東京
中部
北陸
関西
中国
四国
九州

太陽光発電比率の高い
九州エリアの価格は低水準

出所：JEPX データをもとに作成

図 3-25　エリアごとの電力価格（2023 年 5 月の時間ごとの月間平均）

Point

● 今後の価格変動に対応するため操業調整力は重要

● 自家発電や蓄電池の導入で物理的にリスクを回避する手段も一案

● いずれにしても電力の需給調整を行う体制整備が不可欠

51 ピークカットの発展形 としての需要調整

工場はピークカットやピークシフトで経験は豊富

　需要調整（デマンドレスポンス：DR）により、電力の消費を増やしたり減らしたりすることで、工場が市場価格に基づいてインセンティブを獲得するサービスが注目されています。

　電力需要ピークを抑え、使用最大電力の契約から決まる基本料金を抑える需要調整は、これまでも工場で行われてきました。契約電力、すなわち自社で使う電力容量の最大値を決めて契約すると、それ以上電力を使用した場合にペナルティが課せられます。電力単価の安い時間帯を利用しないまでも、電力需要のピークを抑えることが電力コストを低減させてきたわけです。

　一時的なピークの抑制のために考えられるのは、ピークカットやピークシフトなどの対策になります。ピークカットは一時的に契約電力の超過を防げばよく、需要だけでなく燃料を用いた自家発電や蓄電池で一時的に電力供給を増やすことでも可能です。

　DRサービスは、まさにこのピークカットやピークシフトを時間ごとの電力単価に応じて行うことにより、対価を受けとれるものです（**図3-26**）。工場はこれまで基本料金の抑制に使ってきたピークカットとピークシフトを、どのように拡張するかがカギになります。

　ピークシフトは、時間単価に合わせた操業時間の変更になります。時間単価のみならず、契約電力も考慮して柔軟な操業の組み立てることが重要です。

　最近、太陽光発電の増加で昼間に電力が余っているため、昼間の電力使用が奨励されることがあります。電力の使用を減らすのではなく、増やすことで電力の使用調整をするものです。これは、電力消費削減が電力消費の「下げDR」であるため、電力消費の「上げDR」という言い方もされています（**図3-27**）。要は、電力の使用を「上げ」たり「下げ」たりして、電力を使用するタイミングをシフトし、トータルの電力使用量は変わらなくても単価の安い時間帯に工場を操業して、トータルの電力コストを下げようということです。

　今後は、時間ごとに単価の違う電力の柔軟な消費が焦点となります。

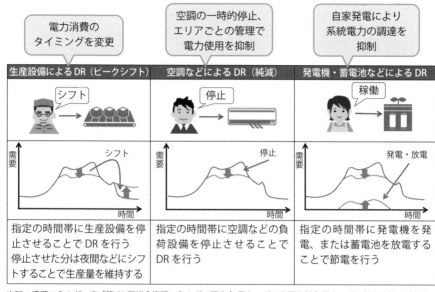

出所：資源エネルギー庁「第 50 回総合資源エネルギー調査会 電力・ガス事業分科会 電力・ガス基本政策小委員会」
　　　資料 4-3 から抜粋

図3-26　DRの実施方法

上げ DR

DR 発動により電気の需要量を増やす
例えば、再生可能エネルギーの過剰出力分を
需要機器を稼働 して消費したり、蓄電池を充
電することで吸収したりする

下げ DR

DR 発動により電気の需要量を減らす
例えば、電気のピーク需要のタイミングで需
要機器の出力を 落とし、需要と供給のバラン
スを取る

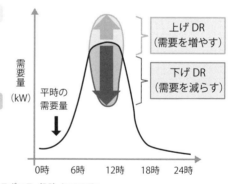

出所：資源エネルギー庁ウェブサイト「ディマンド・リスポンス（DR）について」

図3-27　2種類のDR

Point

● ピークカットやピークシフトの仕組みはDRで生きる
● 操業時間の調整はピークカットやピークシフトの延長線
● 一時的な対策でなく、操業の見直しと体制づくりにまでつなげるのがカギ

52 緊急時のデマンド抑制の対価

DRをどう価値化するか

　小売電気事業者は、需要量と供給量のずれ（インバランス）に対するペナルティ支払いや高騰するスポット市場からの調達を回避するため、工場が電力の使用を抑制することに対価を支払うDRサービスを提供しています。DRは、バックアップの発電や蓄電に加えて、小売電気事業者にとって需給調整の有効な手段の一つです。需要家は、DRに応えることで対価を得られるメリットがあります。工場は、kW当たりの電力料金削減やkWh削減量に応じた対価の支払い、ピーク電力の単価を高める一方、平常時の電力単価の割引を受けるような形で報酬を得られます（表3-12）。

　削減の基準となるベースラインは、直近土日を除く5日間のうち使用量の高い4日間の平均に対して、どれだけ電力使用量を下げられたかをカウントします。小売電気事業者との間で、需要抑制に対するインセンティブを約束することで、需要抑制の活動を電気料金低減につなげられます。工場の操業を大幅に変えることもあり得るため、工場は小売電気事業者と協働し、計画を練って実施の可否を判断します。

　需給ひっ迫時に発電、蓄電、需要家の需要抑制などにより供給が需要を下回る状況を回避するため、一般送配電事業者が調整力公募（この機能は容量市場へ移管）の形で、DRを含めた電源調達を行っています。一般送配電事業者が発電容量（kW）を保有して、緊急対応しやすいようにするのです。緊急対応に応じる操業調整によるDRに対しては、実際の発動の有無にかかわらず、需要抑制可能な容量（kW）に従って報酬が支払われます。また、2021年に開設された需給調整市場での需給調整取引も増える予定です。

　工場は契約で決められた時期・時間帯であれば、いつでもDR発動の可能性があるため、需要家はいつ発動されても対応できる体制を整えておくことが必要です。対応できるかどうかは、その指示がいつ来るかにもよります。1日前であれば十分対応できるでしょうが、3時間前であればできることは限られます。このような条件設定も重要なポイントです。需給ひっ迫の発生予測情報をどうやって

得るかも大切です。

　需給ひっ迫発生の予測、ベースラインの設定、報酬水準の設定などが、対価を得るためのDRの重要なポイントです。

表3-12　DRのポイント

	簡易なDR	高度なDR①	高度なDR②
需給ひっ迫予測	スポット価格 需給ひっ迫警報・注意報	気象予測など電力以外の情報を活用	独自の需給ひっ迫予測
ベースライン設定	前年同月比 特定日との比較	直近5日間のうちDR実施時間帯の平均需要量の大きな4日間の需要情報（当日調整なし）	直近5日間のうちDR実施時間帯の平均需要量の大きな4日間の需要情報（当日調整あり）
報酬設定	参加回数に応じた設定	DRコミット規模（kW）、DR実施量（kWh）に応じた設定	複数のパラメータによる還元率独自算定

出所：資源エネルギー庁「第50回 総合資源エネルギー調査会 電力・ガス事業分科会 電力・ガス基本政策小委員会」資料4-3を参考に作成

Point

● DRで工場が相対するのは小売電気事業者だが、需給調整市場の情報を押さえる必要
● 市場での取引方針をより具体化することで有利な条件も獲得
● 予測、ベースライン、報酬での契約条件が重要

53 旧一般電気事業者の需給調整契約

発動の少なかった需給調整契約もDR契約に収れん

旧一般電気事業者との間で、需給調整契約を結んできた工場も多くありますが、今後は透明性のある市場取引の中で需給調整への協力が評価され、旧一般電気事業者による需給契約もDR市場の市場価格に収れんしていきます。

需給調整契約は、高度成長期に電力需要が増加する中、供給力確保の一環として設けられました。①需給ひっ迫が予想される時間帯での電気の使用を計画的に削減する「計画調整契約」、②電源脱落や系統事故などの発生に伴う需給ひっ迫時に、旧一般電気事業者からの指示に基づき電力の使用を一部または全部抑制する「随時調整契約」、の2種類がありました。

自由化の進展に伴い、需給調整契約は旧一般電気事業者による顧客の囲い込みとの懸念が示され、公正取引委員会での検討も含めて合理的な経済取引への移行が望まれました。そのため、随時調整契約の大半は調整力公募へ、2024年度からは容量市場へ移行します。その結果、2016年時点の需給調整契約は、2022年時点では9割が移行を果たし、残りの1割は経済的なインセンティブを前提とした小売電気事業者のDR契約に移行しています（**図3-28**）。

かつては、成長経済下の供給不足や猛暑で需給調整契約が発動されたこともあります。2007年夏に、柏崎刈羽原子力発電所の停止と猛暑で東京電力が発動した事例もありました（**図3-29**）。

市場のボラティリティが高まる今後の電力市場では、永続的に特定の契約が電力の割引を得ていくことは保証されません。そうであれば、このようなタイミングで工場を止める能力をつけ、それを価値として販売できる形に移行する方向に進んでいくでしょう。

操業調整することによる価値を金銭化するためには、特定卸電気事業者や小売電気事業者などの電力供給サービスを行う事業者と協働することが必要です。そうでなければ、自ら特定卸電気事業者になることも考えられます。

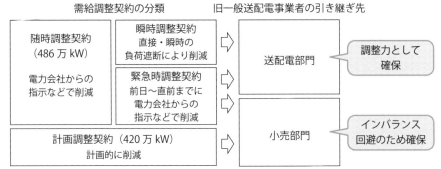

出所：経済産業省「電力・ガス監視等委員会 第 75 回制度設計専門会合事務局提出資料」2022 年 7 月 26 日

図3-28　需給調整契約の分類と引き継ぎ先

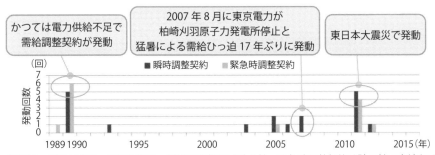

数年に一度の需給ひっ迫時に発動。瞬時調整契約は計 4 社、緊急時調整契約は計 3 社で実績あり

事業者名	随時調整契約の単価（2012 年時点）	備考
北海道電力	約184 円/kWh	1 回当たり 4 時間抑制する場合
東北電力	約65 円/kWh	1 回当たり 12 時間抑制する場合
東京電力	約160 円/kWh	1 回当たり 3 時間抑制する場合
中部電力	約273 円/kWh（瞬時）約119 円/kWh（緊急時）	1 回当たり 3 時間抑制する場合
関西電力	約143 円/kWh	1 回当たり 5 時間抑制する場合
北陸電力	約189 円/kWh	1 回当たり 4 時間抑制する場合
四国電力	—	随時調整契約は系統事故要件のものしか存在せず
九州電力	約48 円/kWh	1 回当たり 3 時間抑制する場合

出所：経済産業省「電力・ガス監視等委員会 第75回制度設計専門会合事務局提出資料」2022年7月26日

図3-29　需給調整契約の発動実績（1989～2015 年）

Point

● 旧一般電気事業者と工場の間で需給調整契約が結ばれ、DRに近い仕組みとなる

● 自由化本格化後は一般送配電事業者の調整力と小売電気事業者のDRへ移行

● 需給調整市場の活用のためには電気事業者との協力関係が不可欠

COLUMN

不動産に近づくエネルギー

エネルギーと不動産は同じと言うと、どのように思われるでしょうか。現時点では、違和感を持たれる方も多いと思います。

しかし、再生可能エネルギービジネスの立ち上がりと同時に、多くの不動産の人材がエネルギー業界に流れ込んだことをご存じでしょうか。不動産投資ファンド人材にとって、メガソーラー（大規模太陽光発電）事業は不動産投資と同じ構造を持つビジネスです。どちらも、事業に適した土地を安く仕入れて、安定収入を得たり、資産を売却したりして利益を得ます。そのために資金調達を上手に行っています。

もちろん、火力発電は異なります。石炭や天然ガスといった燃料を輸入し、膨大なオペレーションの手間とリスクが必要なビジネスで、一筋縄ではいきません。しかし、火力発電が縮小した場合はどうなるでしょうか。オペレーションの複雑さが少ない発電が増えた場合、資産管理や資産売買という不動産的な要素がより重要性を増してくるでしょう。送配電線も一定収益を生み出す資産と見てしまえば、不動産に類似してきます。

エネルギーはあらゆる人に生活の基盤を届ける役割を持ち、これは間違いないのですが、自由化が進むとビジネス的要素が強まります。いかに限られた資源を確保し、収益を生み出すか、コストを抑えるかという視点が力を増してきます。この中で、工場のエネルギー資源を含めて争奪戦になります。その中でどのように振る舞うのか、工場としても意識しておかなければなりません。

第 **4** 章

電力コスト
削減の実行

54 予測機能を高めよう

市場の将来は予測できないがトレンドを見極めることが大切

　ロシアのウクライナ侵攻直後に、燃料価格は高騰して取引市場の平均価格が高騰し、小売電気料金を上回る局面も見られました。しかしその後、国際燃料市場は落ち着いて、取引市場の平均価格は低下しています。取引価格の平均が下がったことで当然、市場調達して電力を販売する小売電気事業者が増え、取引市場の買いが増えることで、価格が上昇することもあり得ます。小売料金と電力市場価格を比較し、後付けでどちらが安いと言うことはできても、そのときの状況が続くとは限りません。結局は国内にある発電所から相対取引を通じて購入するのか、電力取引市場を通じて市場価格で購入するのか、調達ルートの違いにすぎません。長期的に相対取引と市場取引は乖離し続けることはないのです。

　電気事業者は、リスク対応に対処するコストを料金に組み込もうとします。個々の電気事業者の見立てや強みが異なるため、多様な選択肢の中から需要家自らの判断が求められます。その観点で、国際的なエネルギー市場や再生可能エネルギー政策の動向を理解し、今後の電力取引市場の動向を見極めることが需要家にも求められます。

　2030年温室効果ガス46％削減目標を踏まえると、今後さらに太陽光発電の導入が増えるため、昼間の取引市場価格連動の電力調達を視野に入れなければなりません。そこで言えるのは、太陽光発電の余剰電力の発生する昼間の取引市場価格は低水準を保ち、結果として昼間においては小売電気料金と取引市場価格に極端な差が生まれることです。

　再生可能エネルギーが増加すれば、発電量も増やしやすいタイミングと増やしにくいタイミングは必ず発生します。電力取引市場の価格にボラティリティが発生することは間違いありません。価格差を享受して電力コストを実際に下げるためには、市場価格の自らの予測を何らかの方法で獲得することが求められるのです。

　これからも発電力が落ちる要因、増える要因で状況は変わります。気候変動が引き起こす極端な猛暑や積雪、台風の下では電力価格は急騰しかねません（**表4-1**）。したがって、トレンドを見極めることが重要です。

表4-1　市場が急騰する要因

要因		今後のポイント
供給	国際政治	○ウクライナ、ガザに続く紛争 ○カーボンニュートラルをめぐる米国政治動向
	原子力発電の停止	○柏崎刈羽原子力発電所の稼働見通し
	太陽光発電の稼働低下	○太陽光発電設備容量の導入見通し ○蓄電池導入見通し
	送電容量制約	○地域間連系線の増強 ○50～60Hzの周波数変換装置増強 ○地域配電事業の充実
	台風・竜巻・豪雨による送電線の寸断	○気候変動・気象予測 ○インフラ整備の状況
需要	降雪・厳寒	○気候変動・気象予測
	猛暑	○気候変動・気象予測

Point

● 市場と小売の価格水準は常に入れ替わるためどちらか一辺倒にはリスク
● ただし、市場の変化を傍観することが電力コスト高騰につながる最大のリスク
● 今後の動向を見極める力をつける必要

(55) 自ら準備すべき リスクマネジメント機能

電力コストにはマクロ環境・電力業界環境の把握

　国際政治や脱炭素など電力コストへの影響要因は幅広いため、電力自由化後の現状では電気事業者任せにせず自ら情報を取り、行動に移すことが不可欠です。少なくとも、自ら情報を見極められるための情報収集体制を整備することが重要です（**表**4-2）。なぜなら、たまたま価格の低い電力を調達できれば電力コストを抑えられるかもしれませんが、長続きするとは限らないからです。価格の予測や価格高騰の場合のリスクヘッジなど、ハードの電源や蓄電池の確保のような価格リスクへのバックアップが必要です。

　取引市場価格は、国際燃料市場の動向と同時に、取引参加者の抱える電力の玉（販売し得る電力量）にも依存します。余剰発電量を抱えている発電事業者が多くいれば、価格の下押し要因になります。一方で、天候リスクもあります。猛暑や極寒の日は価格が急騰します。普段の10倍の価格がつくこともあるため、一日で大きな損失を被る可能性があるのも電力取引市場の特徴です。したがって、価格が高騰する際のリスク回避手段を確保できていなければなりません。

　電力の市場調達は価格だけで見れば魅力的でも、電力の消費が大きな需要家は、取引市場から必要な電力量を確保できないリスクがあります。通常は旧一般電気事業者の投入する取引量で流動性が確保できますが、需給がひっ迫したタイミングは、旧一般電気事業者自体が供給に余力がなくなります。その場合、市場に依存しすぎると、必要な電力量の確保ができなくなります。最終的には、インバランス料金の単価で電力を調達することになれば、電力コストが急上昇してしまいます。

　そこで、自らバイオマス発電所や水力発電所など発電量のリスクをコントロールしやすい再生可能エネルギー発電所を所有したり、蓄電池を設置したり、電源をシェアしたりしてくれるパートナーを確保することを合わせて行います。ある程度自社で仕組みは整えるにしても、電気事業者に頼ることも必要でしょう。

表4-2　リスクマネジメントに必要な情報

テーマ	情報
マクロ・業界環境	政治動向
	国際・国内経済動向
	天候予測
	国際燃料市場動向
	電気事業者動向
	電力取引市場動向
制度モニタリング	資源エネルギー庁の委員会傍聴・分析
バックアップ電源	再生可能エネルギーへの投資機会
	蓄電池の投資機会
リスクヘッジ手段	価格リスクを回避する金融商品

Point

● リスクマネジメントは自らの情報収集が不可欠
● リスク管理のためには自らも発電・蓄電設備に投資
● さまざまなパートナーを見出す努力も必要

56 自家発電としての再生可能エネルギー

再生可能エネルギーは電力コストの上昇を回避

　送配電網を利用しないことで、託送料金や再生可能エネルギー賦課金を支払わなくて済む自家発電のメリットが改めて見直されています。なぜなら、工場の規模によっては、太陽光発電コストはすでに小売電気料金の単価を下回っているからです。

　太陽光発電は、燃料依存度合の高い小売電気料金が国際的な動向に左右されるのと違って、一度設置すれば発電コストは固定され、電力コストの上昇リスクを回避できます。したがって、太陽光発電などの自家発電を導入することはメリットがあります。自家発電導入は、自社の敷地面積などによる導入ポテンシャルと電力需要を見比べて進めます（**図4-1**）。

　まず消費電力量に対して、どの程度の発電量を想定するかの目標設定を行います。もちろん脱炭素の観点で100％もあり得ます。次に工場の消費電力を確認し、一方で現実に設置可能な再生可能エネルギーの発電容量や発電量を確認し、比較します。

　ただ、工場の消費電力に対して、工場敷地内や屋根に設置できる発電規模は小さすぎることが一般的です。この場合、自己託送による自家発電の導入を考えます。この場合、託送料金の支払いが発生するため、工場敷地内よりも明らかに収支が悪化しますが、再生可能エネルギー賦課金の支払いは発生しません。これらを勘案して導入を行うかどうかの判断を行います。

　導入が想定される再生可能エネルギーは、100％工場の消費電力量に一致することはありません。したがって、過不足分を小売電気事業者に調整してもらうことが必要です。そのため、小売電気事業者との調整が求められます。あるいは他のサービス事業者に過不足分を調整してもらい、その上で小売電気事業者と交渉することもできます。この結果として、改めて再生可能エネルギーの調達割合を見直すことになり、このサイクルを繰り返して実際の導入計画を立てることになります。

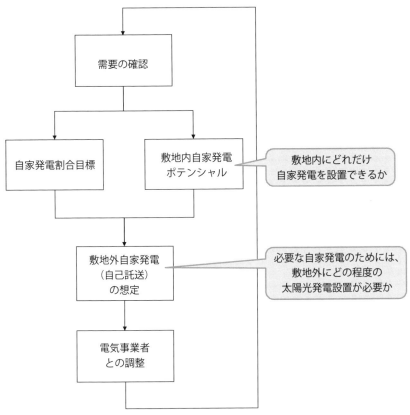

図4-1　自家発電再生可能エネルギーの導入

Point

- 再生可能エネルギーの導入目標値を決める
- 工場敷地内の設置と工場敷地外の設置を順番に決める
- 小売電気事業者との交渉が必要

増える市場価格連動型メニュー

小売電気料金は取引市場価格との距離を探る

　市場価格連動の電気料金メニューはすでに提供されていますが、問題は市場の価格高騰のリスクをまともに受けてしまうことです。

　一般的に小売電気事業者がどのような発電ポートフォリオを抱えているか、特に再生可能エネルギーの供給力はどうか、電力取引市場の活用のノウハウを持っているか、工場の需要抑制を電力コスト削減に生かせる分析・リスク管理能力があるか次第で、提示できる料金メニューが変わります。小売電気事業者に任せっぱなしでは、高い電力を買うだけになりかねません。小売電気事業者にどのような要望を出せばよいのか、現在の小売電気事業者以外の選択肢はないのかを考えざるを得ません。小売電気事業者の調達能力や価格交渉の余地、トラブル発生リスク、短期的なメリットと長期的なリスクを見極めることは必須です。しかし、どのように小売電気事業者を選べばよいのか、どのように交渉したらよいのかを固めなければなりません。

　市場価格連動の小売料金メニューを提供する小売電気事業者は増えています（図4-2）。電力取引市場の取引価格が他の小売電気事業者の電力単価より安ければ、需要家としてはメリットがあります。市場価格連動の料金メニューも増えています。

　ただし、市場からの調達は必要な量の確保が確実とは言えません。小売電気事業者がその調達リスクを負えばよい話ではありますが、調達量が多い場合、小売で小売電気事業者から断られる可能性もあるのです。

　FITの再生可能エネルギー電力を販売するモデルも出てきています。FIT電力を電力市場取引所に販売した後、その電力を市場価格で買い戻し、その電力を工場に販売するモデルです。したがって、市場価格で購入しているのと同じことになります。安定供給ができる発電所を確保している発電事業者と契約する小売電気事業者が、その役割を果たしてくれます。

　市場連動の料金メニューサービスを行っている事業者は、2021年1月の資源エネルギー庁の調査では20社でしたが、現状では大幅にその数は増えていると見

られます。市場からのパススルーのため小売電気事業者の利益水準は抑えられますが、リスクは工場に移転されます。リスクをどのように分担するか、その上で電力コスト水準をどの程度に見込むかが契約締結におけるポイントです。

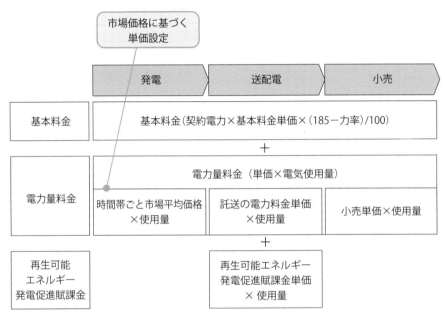

注1：電力量料金＝使用量 ×（託送供給等約款の電力量料金単価＋（市場平均価格÷（1－損失率）＋消費税等相当額））
注2：小売単価 × 使用量は小売電気事業者の販管費、利益などを想定。この費目は基本料金のみに含める場合も考えられる

図4-2　市場価格連動の小売料金の例

Point

● 市場価格連動メニューが大幅に増加
● 問題は取引市場価格高騰のリスクが工場に移転されること
● 市場価格連動は事業者と工場でリスクをどうシェアするか

58 蓄電池の二面利用

非常用と電力需給調整用の蓄電池シェアの可能性を探す

　太陽光発電を導入することに伴い、需要と供給のマッチングが課題として上がり、契約する小売電気事業者からは負担増に対する対価の支払い、電気料金単価の見直しなどが小売電気事業者から求められるかもしれません。

　そこで、蓄電池の導入を考えてみてはどうでしょうか。蓄電池は、太陽光発電の昼と夜の発電差を調整するのに適しているため、需給調整に役立ちます。自己託送の場合は工場が自ら調整を行います。発電事業者から購入するオフサイトPPAの場合は発電事業者、小売電気事業者に調整負担を依頼することになります。いずれにしろ、そのコストを支払うことが必要ですが、電気料金にまとめて織り込まれるよりも、自ら制御する道を閉ざすべきではありません。太陽光発電の変動調整は電力コスト削減の有力なツールとなり得ます。電気事業者と蓄電池を共有するなどして、その調整を共同で行うこともあり得ます。需給調整の負担を分担するのです。

　ただし、そもそも発電した電気をそのまま使わず、一時的に貯めてから使うことはコスト増になります。そのため、工場の停電用に設置された蓄電池、防災施設に設置された蓄電池など他の目的で設置された蓄電池を借用することにより、蓄電池のコストをシェアし、コストを下げる工夫が大切です。BCP利用として蓄電池が導入されていることは多くあります。これまで非常用発電機で対応したり、UPSで一部導入したりしていたものの規模を拡大して需給調整でも用いる形が考えられます。

　電気自動車（EV）を蓄電池として用いることも考えられます。長距離輸送のトラックには向かないとも言われますが、都内物流などの中小型トラックであれば可能です。

　通信基地局で用いる蓄電池は、通信で設備の償却が終わった上で利用できるため、蓄電池の実質的なコストを低下できます。さらに、積極的に蓄電池を活用して市場価格のさやを取り、収益を上げることも考えられます。

　同じ投資するにしても安定的な長期収益を得ることも行い、トータルの電力コ

ストを下げることも考えられます。例えば、長期脱炭素電源オークションの活用
なども考えられます。自社の操業特性に合わせて蓄電池導入のメリットを考える
ことが重要です（**図4-3**）。

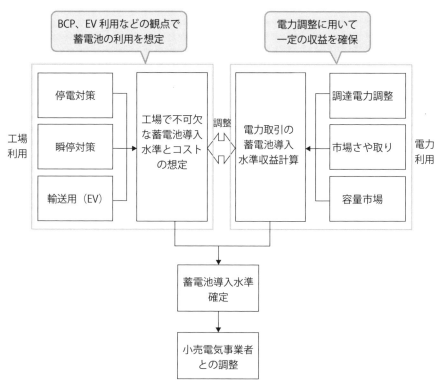

図4-3　蓄電池設置の選択肢

Point

● 需給調整のために蓄電池の活用は自らの電力制御へ道を開く
● BCPやEVトラックといった工場・物流施設の機能で蓄電池をシェア
● 蓄電池は電力コスト削減の有力なツールに

(59) 工場が持つ電力分野の強みである操業調整

省エネ、ピークカットなど手慣れた分野から段階的に

電力コストを下げるために需要家の工場が持つ強みは、電力価格の変動に合わせて操業を変えられる点です。これは、供給側の事業者には絶対にできないことです。操業の柔軟性を段階的に進めて行くことは不可欠です（**図4-4**）。

最初に個別のプロセスの電力データを測定します。まず、どこでどのようなエネルギー消費が行われているか、を理解することが出発点です。

生産ラインの一部を止めた場合、最大限電力の稼働を抑えるように、生産のオン・オフを明確に電力削減につなげなければいけません。これは省エネの観点から、無駄な動力が動いていないかチェックすることから始まります。次にピークカットや節電協力で一部を試します。生産ラインの一部停止を実際に実施できるか、工場の稼働率をどの程度変動させられるか検証します。

その上で操業変更の可能性を検証します。顧客のニーズに応えるために操業はどこまで遅らせられるのか、あるいは事前に半製品などをどこまで作っておけるのか、その際にかかるコストや従業員の負荷はどの程度か、を分析することです。その上で操業日程を組めるかどうかになります。操業変更で解決できる問題なのか、工場設備を変えないといけないのか検証します。

操業変更で解決できるのであれば、従業員から賛同を受けられる範囲と効果の兼ね合いで実施範囲を判断することになります。オペレーションの動作を変える場合、可能な工程やライン、エリア、時間帯で区切って対策を立てるわけです。

電力の調達コストを下げたい場合、需要家の電力調達規模や利用する時間帯、操業時間変更の可能性などで実施の可否が変わり得ます。

操業調整は前日あるいは当日早期に要請を受けるのか、3時間前に依頼を受けるのか、リアルタイムで実施するのかで、工場としては状況が変わります（**図4-5**）。悪天候で太陽光発電の稼働が見込めない平日は、前日や当日の朝には状況がわかっています。そのような状況であれば、当日の操業をストップすることを含めて大掛かりな対応が可能になります。3時間前の依頼の場合、数時間の一次的停止が要請され、一部生産の停止などで対応します。リアルタイムでは可能

な限り削減量を積み増すため、可能なレベルで空調や照明による電力消費を抑制
することが考えられます。

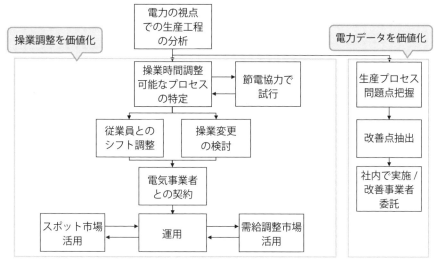

図4-4　操業時間調整のポイント

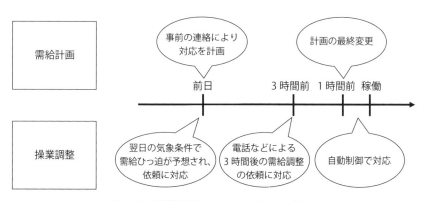

図4-5　操業調整に向けたカウントダウン

Point

● 省エネで行う生産プロセスの精査は操業調整の可能性検証の出発点

● 操業変更の可能性と設備投資の必要性の精査

● 緻密な検証は生産プロセスの問題点検証にもつながる

60 地域の連携モデルを強める

周辺の他工場や他施設をパートナーとして需給調整の選択肢を広げる

敷地面積や自然環境との隣接度合の制約を解消するため、自己託送のような自社工場間の連携が進みつつありますが、資本関係や取引関係にこだわらなければ、工場周辺地域の連携も選択肢です。

データセンターや電機・電子部品、機械部品などの工場は、電力を利用する時間帯が異なる周辺の物流施設や商業施設、公共施設、大学、住宅と連携し、立地に応じて周辺にある空き地に太陽光発電や水力発電、バイオマス発電、風力発電の電力と蓄電池を設置し、パートナー間で電力を融通する仕組みを作ることが考えられます（図4-6）。

再生可能エネルギーの出力抑制で捨てられる電力を、自営線により近距離で送り合えるかもしれません。工場ではありませんが、三井不動産が開発した千葉県柏の葉では、太陽光発電と蓄電池を設置して電力を使う時間帯が異なるマンションと商業施設の間で、電力を自営線で融通（特定供給という事業形態）しています。新規開発エリアでは、東松島市では東日本大震災後に、スマート防災タウンとして自営線を共有して電力をシェアする事例（「特定送配電事業」制度）もあります。また、NTTアノードエナジーが太陽光発電の電力を第三者に自営線で供給する事業を、静岡鉄道が自社の鉄道軌道を用いた電力供給事業を検討するなど、地域内で自営線を用いた電力供給事業が検討されています（表4-3）。

2022年4月から始まった「配電事業」制度では、再生可能エネルギーを最大化するために必要な送配電設備を蓄電池を用いて区域内で融通するモデルで代替できれば、一定の優遇措置も受けられます。

さらに言えば、送電線にこだわる必要もありません。蓄電池の規模を大きくして蓄電池コストを抑えることが可能なため、共同で蓄電池を所有して電力コストの最小化を目指すことも考えられます。

住宅街と違い、工業団地での難しさは、エネルギー需要が格段に大きいことです。したがって、蓄電池の容量が莫大になる可能性があります。燃料の仕組みと併せた検討が必要でしょう。

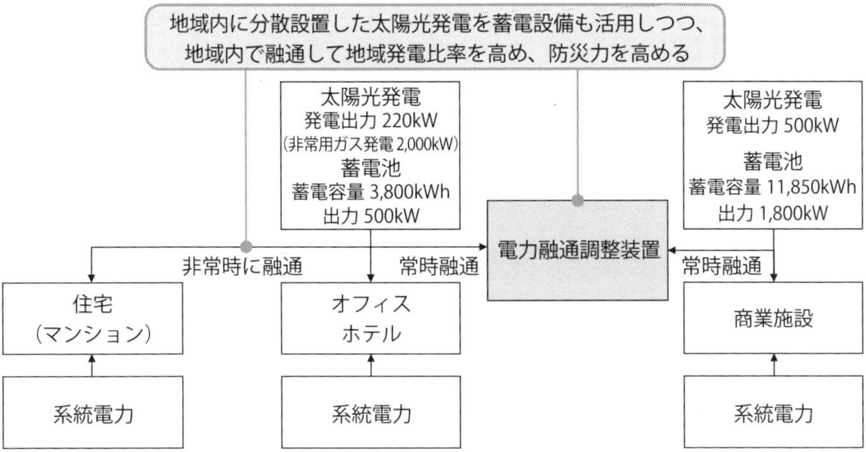

出所：資源エネルギー庁「電力システムの分散化と電源投資」

図4-6　特定供給モデル

表4-3　分散型グリッドを運用する事業形態

	配電事業	特定送配電事業	特定供給
	既存の街で送配電網を活用	新規開発の街で自営線で送配電網を新設	自家発電を複数需要家に拡大する特例措置
事業概要	配電設備区域での託送	特定の供給地点での送配電設備による小売供給と託送	密接な関係者同士の電力供給事業
要件	供給区域を特定した許可	供給地点を特定した届出	供給先・場所を特定した許可
主な義務	託送供給義務 電力量調整供給義務 接続義務 電圧・周波数維持義務	特捜供給義務 電圧・周波数維持義務	（特になし）
事業範囲イメージ	市町村単位/離島	六本木エネルギーサービスなど	CHIBA睦沢エナジーなど

出所：資源エネルギー庁「電力システムの分散化と電源投資」

Point

- 周辺工場、物流施設、住宅街、大学、公共施設との電力融通は一つの選択肢
- 特定供給、特定送配電事業、配電事業といった事業制度も活用可能
- 蓄電池や自家発電を共有し、地域で電力コストを削減

61 調達ミックスで発想を変える（分割受電/部分供給制度）

電力調達は1社からという常識を疑えば策は広がる

　電力取引市場から大量の電力を市場価格連動で供給することをコミットした場合、小売電気事業者は、取引市場で適切な量を確保できるかという調達リスクや電力価格がはね上がる価格リスクを抱えてしまいます。したがって、複数の事業者から調達することも選択肢です。

　複数の事業者から分割して供給を受ける分割受電（電気事業法では「部分供給」）も、制度的には可能です。分割受電の形は3つがあります（図4-7）。

①横切り型

　ある程度安定供給を確保するアプローチです。1社からは一定の電力量を購入し、別の1社からは需要の変動に合わせて供給を受ける方式です。安定的な電力供給と変動する電力供給を組み合わせるわけです。ただし、電力契約量が減りすぎる場合に小売電気事業者のメリットは落ち、難しい調達ばかり担わせられることには消極的でしょう。

②縦切り型

　安い昼間の電力だけ市場連動で調達し、夜は別の調達を行う時間帯で区切るアプローチです。昼間は安い市場価格連動で電力を調達し、夜は電力価格を別途調達します。

③通告型

　調達を受ける時間と量に柔軟性を持たせる方式も考えられます。

　いずれにしても、小売電気事業者にとって条件が悪くなる可能性がある契約を、どのように飲んでもらえるかがカギを握ります。小売電気事業者にとって契約条件が悪化し、競合においしいところを持って行かれることは面白くありません。分割受電（部分供給）を受け入れる事業者がいたとしても、2社への委託でカバーされていない領域が発生するリスクがないようにしなければなりません。そう考えると、まずは既存の小売電気事業者に対して、市場価格連動と燃料調整費による小売単価を組み合わせた料金メニューで、コストを抑える条件を交渉することが、ファーストステップです（図4-8）。

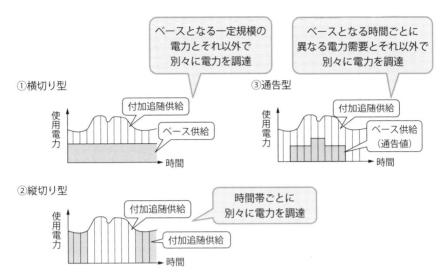

出所：資源エネルギー庁「部分供給に関する指針」をもとに作成

図4-7　分割受電のパターン

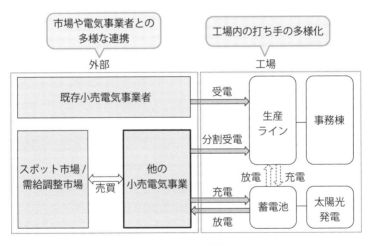

図4-8　組み合わせ調達スキーム

Point

● 分割受電は制度上可能

● 昼間の市場価格連動と燃料ベースの火力発電からの調達の組み合わせ方がカギ

● 2社の供給で上手くカバーされないリスクがないかを精査

(62) エネルギーデータによる生産プロセス改善

電力データは工場の人やモノの動きの結果

工場の操業調整や電力の時間帯ごとに異なる単価で電力を調達することを考えると、まずは電力データを把握することが大切です。初めは工場全体ですが、次に工程ごと、ラインごとに精査していきます。電力に限らず熱利用のデータを詳細に知ることで、工場のエネルギー転換に向けてできることが見えてきます。もちろん、CO_2モニタリングの観点でも不可欠です。

さらに、エネルギーデータは、一般に工場オペレーションの課題をあぶり出すことができます。なぜなら電力データは、工場における人やモノの稼働の結果だからです。例えば飲食店であれば、従業員がいつ来たか、いつまで残っていたかなどの情報は照明や空調の電力データに現れ、ベルトコンベアの動きや従業員の作業の動きも電力データに現れます。

繊維工場の乾燥工程では、温度データを継続的にモニタリングしてみると、乱れが生じていることに気づきます（**図4-9**）。段取り替えなど当然発生する作業の継ぎ目以外でも、問題が発生していることが見えてくるのです。金属加工工場では動力を用いた加工が行われる際に、電力の波形の乱れが観測できます。これは食品加工の工場でも同様です。

波形の乱れは通常、問題のあるオペレーションから発生し、それは作業の巧拙とつながっています。したがって、ベテランの作業員と新人の作業員では、問題が波形に大きな違いとなって表れます（**図4-10**）。ベテラン作業員からベストプラクティスを学ぶことで問題を改善できるのです。

もちろん、エネルギーデータは無駄なエネルギーを発見し、省エネできます。むしろ、エネルギーデータの運用改善ではその使い方が一般的です。

エネルギーデータで観測をすることは大きな波及効果を持ちます。エネルギーデータ分析サービスを行う省エネサービス事業者、エネルギーサービスプロバイダーはすでに多くのサービスを展開しています。まず、このようなエネルギーデータ分析からスタートすることも有効です。

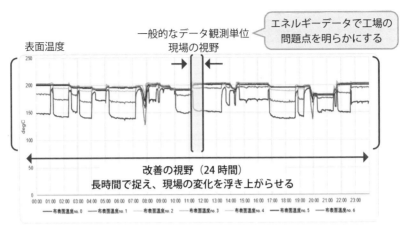

出所：日本総合研究所

図4-9　電力データから見える工場の問題点

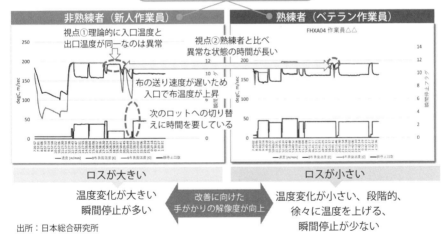

出所：日本総合研究所

図4-10　ベストとワーストの比較

Point

- エネルギーデータは工場の問題点を把握することが可能
- 問題を分析すれば、電力コスト削減だけでなく生産プロセス改善につながる
- まず省エネからスタートし、検討範囲を拡大することも有効

4-3 電力コスト削減モデル

63 電力エコシステムの構築

視野を拡げてパートナーを作る

電力コスト削減は、省エネで電力消費を減らせばコストが下がるということではありません。電力コスト削減は脱炭素に向かい、市場化が進む電力システムで、工場の仕組みを次世代の環境にアップデートするアクションです。

まず、エネルギーデータを通じて、工場で進む生産のDX化の動きと密接に連携させることが大切です。このことで効率的な工場の生産、操業調整による電力単価の抑制を実現します。生産プロセス改善の検討も可能です。

電力に関しては、小売電気事業者に対して新たな電力システムの動向を踏まえた電気料金の提示を求めます。小売電気事業者は、工場のために需給調整機能を担いつつ電力調達を代行してくれる存在です。したがって、いかに電力を安く調達しくれるかが重要です。

視点を変えて、発電事業者との関係構築も考えられます。発電事業者と幅広くつき合うことで、太陽光発電に限らず、バイオマス発電や水力発電の活用の道が開けます。自ら発電事業者になるのはハードルが高くなりますが、共同事業に参加することで多くの情報に触れることにもなります。

2021年に新設された需給調整市場は、操業調整や蓄電池による工場の供給力を価値に変える先として捉えられます。自らが直接の取引も可能ですが、電気事業者のパートナーを作ることも考えられます。

また、発電事業者や小売電気事業者との相対をサポートしてくれるアグリゲーター（特定卸供給事業者）があります。工場の操業に踏み込む事業者も出てきており、工場の操業調整、蓄電池で連携することが考えられます。市場を活用して電力コストを削減する手助けをしてくれます。

電力コストの削減は工場だけではできません。外部企業とのアライアンスを組み、いかに新たな電力システムに合わせた体制を再構築することになります。市場取引に長けていることが重要な一方、操業調整には省エネサービス事業者のノウハウが生きる面があります。必要な機能を自社と事業者で、どのように役割分担するかを決めて推進することが必要です。地域の需要家で連携することも含

め、エコシステムを構築する作業となります（**図4-11**）。

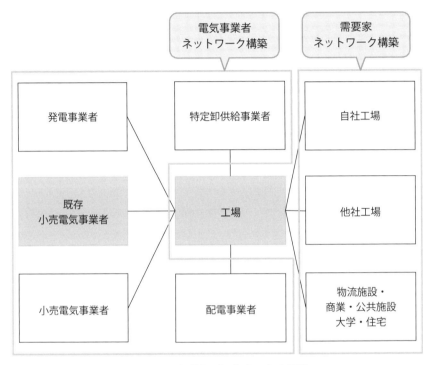

図4-11　多彩なパートナーとの連携

Point

● 電力コスト削減は脱炭素と市場化が進む電力システムへの工場の転換を意味する
● データを活用して工場の操業そのものを見直す
● 視野を広く電力調達を捉え、外部アライアンスを組んでエコシステムを構築

64 工場での電力の位置づけ

様変わりする生産部門とエネルギー部門の関係

　工場は、生産が第一の役割です。エネルギー部門は、生産部門の言う通りにモノづくりに合わせて電力を調達し、自家発電を行えばよいとの考え方が一般的です。生産の変動があれば、たとえ非効率なエネルギー利用になっても顧客のニーズに伴う納期を順守できるように、あるいは納期を早める競争に勝てるように、生産に合わせて電力を供給することが問われます。

　ただ、これは当たり前のようでいて前提がありました。エネルギーはいつでも好きなときに、好きなだけ使えるという前提です。これは化石燃料のおかげで実現できたことです。化石燃料は、工業製品を顧客の必要に応じて供給できるように、エネルギーを供給してくれました。加工貿易の基盤である製造業を支えるため、電力会社はどの工場にも電力途絶を起こさないように高品質の電力を提供してきたのです。脱炭素のための再生可能エネルギーの導入拡大は、この構造を根本的に変えることになります（図4-12）。

　再生可能エネルギーは、化石燃料と違って思い通りに動いてくれません。自然に合わせてしか発電しないのです。化石燃料と同じように供給をするためには、蓄電池などを用いることで設備コストがかかります。自ずとコストがかかるわけです。

　重要なことは自然に合わせて操業することです。太陽光が照っているタイミングに合わせて生産を行えば、自然と電力コストは下がるわけです。自社の太陽光発電であろうが、電力取引市場で供給過剰となっている電力であろうが、時間を合わせれば電力コストは抑制できます。これからは、時間帯により変動する電力取引価格と、操業の最適なポイントを見出すことが必須になります。

　その場合、エネルギー部門と生産部門はより連携して解を見出すことが不可欠です。組織の形やオペレーションのやり方にも影響を与えるでしょう。生産部門の方針をエネルギー部門に伝達するのではなく、生産計画を策定する段階で電力価格の動向を見極めていく必要があります。新たな計画策定プロセスや組織体制が求められるのです。したがって、生産部門とエネルギー部門の関係は大きく変わることになります。

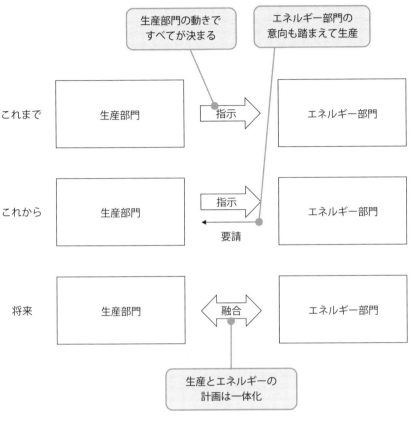

図4-12　電力消費の考え方

Point

● エネルギーは生産に合わせるものだったが、生産がエネルギーに合わせる事象
　も発生
● エネルギー部門と生産部門の関係が変容
● 新たな運営に向けて組織の見直しが必要

65 省エネ法が求める組織体制

脱炭素に向けて役員クラスの関与が求められる

　省エネ法では、エネルギー使用量（原油換算値）が合計で1,500kl/年を超える特定事業者、あるいはフランチャイズを含むチェーン店型の運営をする特定連鎖化事業者は、「エネルギー管理統括者」とその補佐を行う「エネルギー管理企画推進者」を選任することを求めています（**図4-13**）。

　エネルギー管理統括者は「事業の実施を統括管理する者」（役員クラスを想定）を当てるとされ、事業経営の一環として事業者全体の全体を俯瞰してエネルギー管理を行い、

　　①経営的視点を踏まえた取り組みの推進

　　②中長期計画のとりまとめ

　　③現場管理に関わる企画立案、実務の実施

という役割を担います。

　省エネは経営へのインパクトのあるエネルギーコストを削減する観点で、当然組織的な対応が必要ですが、このような構造変化を起こしている根本的な要因は脱炭素です。脱炭素はエネルギーの消費の仕方や調達の仕方にとどまらず、再生可能エネルギーへの投資や生産体制の見直しなど工場の根本的な運営方法を変えてしまいます。これまでのようにエネルギーの消費を抑制したり、燃料転換したりしただけでは限界があり、工場の運営そのものを見直さないと脱炭素が実現できないため、政策サイドも経営の関与を求めざるを得ないのです。

　ただし、現状では役員への報告義務があり、他の部門の担当役員が兼務しているのが実態で、生産部門との融合には至っていません。経営企画部やサスティナビリティ推進部、ESG推進室など組織横断の部署が担当することもありますが、企画の具体組織への落とし込みなどにはまだ課題があります。

　事業規模の大きい事業者への規制ではありますが、国際動向の不安定化やカーボンニュートラルに向けて激変する電力調達構造を考えると、新たな動向に向けてあらゆる企業や工場で対応が求められています。

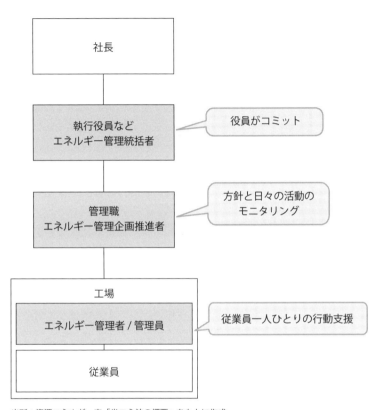

出所：資源エネルギー庁「省エネ法の概要」をもとに作成

図4-13　省エネ法における特定事業者の組織規程

Point

● 脱炭素に向けた工場の転換を促すため省エネ法は経営の関与を求める

● 脱炭素で構造転換を求められている点は電力コストも同じ

● エネルギーを担う役員の役割が進化

4-4 推進体制のあり方

66 トップダウンの検討体制

社長直轄のエネルギー企画推進組織の設置

　エネルギー部門と言っても、電力の調達に関わるのは動力部の場合もあれば、設備管理部や総務部が関与している場合もあります。燃料の調達に比べると、電力は電力会社からの購入に過ぎない企業も多くあります（**図4-14**）。これは組織の文化やオペレーション実務の特性を反映しているため、単に2つの部門を連携させたり、融合させたりという話では済まないことになります。これは何か新しい仕組みを考えないと、電力コストが削減できない可能性を示唆しています。組織を変えることになるかもしれません。

　そのため、経営の意思決定ができるレベルの関与が不可欠となります。エネルギーと生産の両方にまたがる取り組みを行う場合、役員レベルで生産にもエネルギーにもにらみが効く人物か権限構造を有しているかでないと、プロジェクトを推進できません。設備管理部であれば、生産部の役員レベルと会話したり、生産部からの実質的な協力が得られたりする体制が必要です。筆者が以前に関与した工場では、設備部の責任者が生産部も経験しており、生産部からの信任も厚い人で、そのおかげで生産部との連携ができたことがありました。

　生産部が制約なく生産に集中したいというのは当然です。この構造を変えるのは簡単ではありません。マネージャーが生産の役割であれば、このような面倒な活動を一生懸命行うインセンティブがありません。活動は次第に停滞してしまいます。プロジェクト化してエース級の人材が工数を投下する体制も必要です。

　動力部が主導するのも難しい面があります。動力部は「何も起こさないこと」を信条としているからです。安全は工場運営の根幹であり、誰も否定できません。ただ、新しいことを主導する文化とは言えません。

　重要なことはこの活動を推進し、活動進捗を継続的に見守るガバナンスです。生産とエネルギーを融合させるためにはトップの強い思いが必要です。電力コスト削減は、トップダウンで進めなければ大きな改革は望めません。生産に合わせる考え方を変えることからスタートしなければならない電力コスト削減は、トップダウンの組織と検討チームが必要となります。

　実行に当たっての一つのアプローチは、社長直轄のチームを作って推進することです。各機能から人を集めてくることも必要ですが、各方面からの反発の多いプロジェクトには推進力を持つための権限が欠かせません。

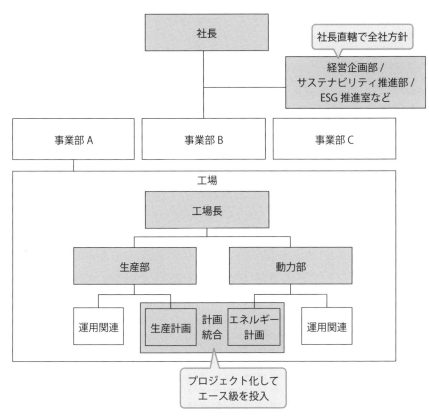

図4-14　必要な組織体制

Point

- 検討チームには生産とエネルギーが連携する必要
- 組織改編にもつながり得るため、電力コスト削減にはトップの思いが必要
- 権限を与えられたトップ直轄チームの組成が第一歩

67 電気事業者との契約交渉

電気事業者の工場との連携メリットは需給調整ツールの共有化

電気料金メニューの見直しを小売電気事業者に頼んでもらうことが、電力コスト削減には必要です。その際に、操業調整は工場の強みになりますが、これだけで電気事業者との契約見直し交渉が滞りなく進むわけではありません。基本的には、小売電気事業者と需要家は利益相反があるからです。

工場としては何も変えないまま、電力コストを低下させたいと思うわけですが、それは既存の電気事業者にとっては売上減にしかなりません。十分にデータで検証した上で可能な操業調整のアクションを把握し、計画を練って交渉を進めることが大切です（**図4-15**）。

当然、小売電気事業者を切り替えるのは選択肢の一つです。

ただ、工場のオペレーションをよく理解しているのは既存の小売電気事業者でもあります。その小売電気事業者を説得ができないのに、他の事業者であれば簡単に説得できると考えるのは飛躍があります。たとえ、他の電気事業者との間の交渉でも不可欠になるウィンウィンの関係をどう構築するかのアイデアがなければ、電力コスト削減は上手くいきません。

小売電気事業者は、需給調整をどのようにマネジメントするか、市場取引を通じて値差を得る可能性がないか、再生可能エネルギーや蓄電池の拡大をどのように現実的な収益化の下に拡大するかという課題を抱えています。このことに共同でどう取り組むかが、電気事業者からより良い条件を引き出すために必要です。

自己託送などは実施のハードルが低い施策でもあります。段階的な関係構築のために、取り組みやすい小さな成功からスタートすることも大切です。これまで電気事業者任せだった電力供給に工場自ら関与することで、より生産的な取り組みにつなげる可能性も出てくるでしょう。

小売電気事業者も市場リスクの回避は常に気にしています。このリスクを両社で受け持つことも考えられます。蓄電池を共同で保有し、小売電気事業者に運用を任せるという考え方もあります。蓄電池補助事業では電気事業者とメーカーが共同出資する事例も見られます。蓄電池はBCPで保有したい工場もあるため、

工場側のニーズ次第で共同保有の可能性もあります。今後、蓄電池の共同運用が
出てくるでしょう。

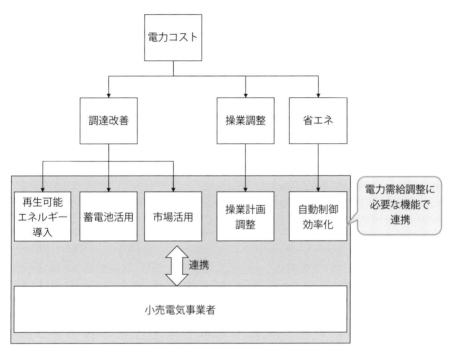

図4-15　事業者との交渉ポイント

Point

● 電気事業者と工場は利益相反の関係
● 電気事業者とウィンウィンの関係を構築するシナリオを構想
● スモールスタートからの段階的な取り組みシナリオを策定

68 アグリゲーターは変動調整の担い手

需要家が需給調整に参加するためのパートナー

　アグリゲーターは、再生可能エネルギーの変動調整の主役となり得る存在です。工場が持つエネルギー設備をまとめて、工場と電力会社の間に立ち、電力の需要と供給の調整や各需要家のエネルギー設備の有効利用をサポートしてくれる事業者です。電気事業法では、「特定卸供給事業者」と2022年4月から位置づけられました（図4-16）。

　アグリゲーターは、DRによる節電や再生可能エネルギー、蓄電池を利用して電力の需給調整に貢献します。

　DRが行われるときには実際に電力を使用している工場が、必要とされるタイミングで使用量を調節しなければなりません。アグリゲーターは工場と電気事業者をつなぎ、調整します。

　アグリゲーターは、工場の持っているエネルギー設備の把握や日々の需要の的確な予想を通して、需要家の代わりにリソースを最大限活用できるようサポートします。たとえば、夏の猛暑日や冬の寒い日などに電力の需要が急激に高まり、需給がひっ迫すると、電力の需要を抑える必要が生じます。その場合、電力会社は工場に節電の依頼を出し、アグリゲーターには電力の需要量を下げるよう要請します。それを受けて、アグリゲーターは管轄する工場に対し、使用する電力量を抑えるように指令します。工場の協力により抑制された電力（電力削減分）はアグリゲーターにとりまとめられ、電力会社へ提供されるのです（図4-17）。

　これとは逆に、電力の需要を増やす場合もあります。太陽光発電は天候によって発電量が左右されるため、導入の拡大に伴って供給量が需要量を上回ることが生じます。このとき、供給量と需要量のバランスをとるための方法として、電力を最大限活用するために電力会社は電力の需要を増やすよう要請します。それを受けたアグリゲーターは、需要家側に電力の使用を増やすよう指令を出します。工場は、蓄電池やEVなどへの充電および工場の稼働の増加などの方法で、DRを実行します。

　このような要請に応じてDRに協力をした工場は、報酬を得ることができま

す。アグリゲーターは電力会社から報酬を受け取り、需要家へ支払う仲介をします。つまり、アグリゲーターは需要家のリソースを最大限に活用すると同時に、需要家に利益をもたらす働きもするのです。

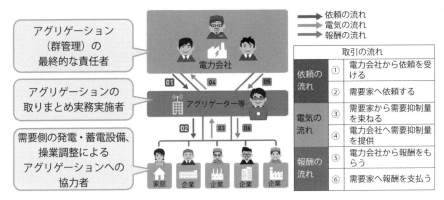

出所：資源エネルギー庁「電力の需給バランスを調整する司令塔「アグリゲーター」とは？」をもとに作成

図4-16　アグリゲーターモデル

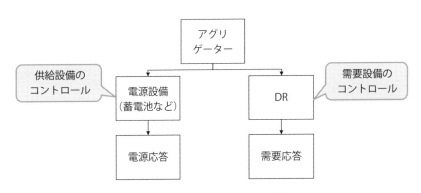

図4-17　アグリゲーターの機能

Point

● 2022年4月からアグリゲーター事業が特定卸供給事業として制度化
● アグリゲーターは分散した電力の供給と需要をコントロールして市場取引
● アグリゲーターへの操業調整力の提供とその対価の設計がポイント

4-5 コスト削減をサポートする電力サービス事業

⑥⑨ アグリゲーター事業者の動向

対応できるシステムの整備が進展

　アグリゲーターは、分散した発電と蓄電、需要を統合管理する事業者です。分散した電力の供給と需要をコントロールし、価値化してくれる存在です。電気事業法では、2022年4月にスタートした特定卸供給事業者として位置づけられています。旧一般電気事業者や大手エネルギー会社、システム会社など約50社が参入しています（**表4-4**）。需給調整の機能で小売事業を安定させたり、あわよくば利益を積み増したりできないかとの思惑で小売電気事業者が参入しています。一方でJREトレーディングなど、金融取引の能力を生かしたビジネスを視野に参入している企業もあります。今後はより金融的な要素が強まることが考えられます。

　背景として、太陽光発電や家庭用燃料電池などのコージェネレーション、蓄電池、電気自動車、ネガワット（節電した電力）など、需要家側に導入される分散型のエネルギー設備の普及が進んだため、大規模発電所（集中電源）に依存した従来型のエネルギー供給システムが見直されています。工場が持つエネルギーリ

表4-4　特定卸供給事業者への参入企業

旧一般電気事業者	新電力	その他
東北電力 関西電力 九州電力 東京電力エナジーパートナー 北陸電力 北海道電力 四国電力 中部電力ミライズ 東京電力ホールディングス 中国電力	タクマエナジー 積水化学工業 オリックス パシフィックパワー 大阪ガス グローバルエンジニアリング 電源開発 テス・エンジニアリング アーバンエナジー MCリテールエナジー UPDATER 東邦ガス カスタマイズドエナジーソリューションズジャパン 東京ガス　　ほか	エナリス アズビル Goal Connect 東京電力ベンチャーズ エネルエックス・ジャパン 三菱重工業 工営エナジー Greenest Energy 再生可能エネルギー推進機構 HSE シムックスイニシアティブ

出所：資源エネルギー庁資料をもとに作成

ソースは巨大な発電所に比べれば小規模ですが、エネルギーマネジメントシステムを高度化し、エネルギーリソースを束ねて遠隔・統合制御することで電力の需給調整に活用できます。分散した工場の発電や蓄電を束ねて1つの発電所のように機能する仮想発電所（バーチャルパワープラント：VPP）は、負荷平準化や再生可能エネルギーの供給過剰の吸収、電力不足時の供給などを行えます。

　2020年度まで行われたVPP実証では、関西電力、東京電力ホールディングス、中部電力などの旧一般電気事業者が先導し、ソフトバンク系のテラスエナジーも後を追って実証を行っています（**表4-5**）。

　その後、2021年度に開始した需給調整市場に合わせてシステムの高度化が図られ、工場と電気事業者の協働が始まっています。

表4-5　VPP実証の例

アグリゲーション・コーディネーター	リソースアグリゲーター		システム会社（協力事業者）
	電気事業者	その他	
関西電力	ENEOS、NTTスマイルエナジー、四国電力、北陸電力、三菱商事、Looop、出光興産、東京ガス　など	イオンディライト、京セラ、きんでん、シャープ、パナソニック、日立製作所、フクシマガリレイ、エネマン、日立グローバルライフソリューションズ、横河ソリューションサービス	住友商事、デルタ電子、ニチコン、日本ベネックス、日本ユニシス、富士電機、YAMABISHI、エリーパワー、ENEOS、住友電気工業、ダイヘン、横河ソリューションサービス　など
東京電力ホールディングス、日本電気、Goalconnect	東京電力エナジーパートナー、静岡ガス	日本電気、グローバルエンジニアリング、積水化学工業、ONEエネルギー、大崎電気工業、ファミリーネット・ジャパン、京セラ、アドバンテック、アズビル　など	積水化学工業、東京電力パワーグリッド、東光高岳、東芝エネルギーシステムズ、日本気象協会、三菱自動車工業、日立システムズパワーサービス、本田技研工業
中部電力/中部電力ミライズ	中部電力、エフィシエント、大阪ガス、中部電力ミライズ、明電舎	トヨタエナジーソリューションズ	富士電機、日清紡ホールディングス、京都市、京都大学、伊藤忠商事、オムロン、ダイキン、東京製鐵、豊田通商、ニチコン、日新電機、日本ガイシ、Balance Responsible Party　など
テラスエナジー（旧：SBエナジー）	テラスエナジー、SBパワー	エネマン、エフィシエント、サニックス、メディオテック、ハンファQセルズジャパン、ソフトバンクロボティクス、東急不動産	壱岐市、九州電力送配電、関西電力送配電、東京電力パワーグリッド、エフィシエント

出所：資源エネルギー庁、一般社団法人環境共創イニシアチブ・ウェブサイトをもとに作成

Point
● アグリゲーター事業には小売電気事業者や金融事業者が参加
● 需要家に分散したエネルギーリソースを統合管理するシステム構築が進展
● 工場と電気事業者の協働が開始

70 電力単価ゼロの有効活用

電気が余るところでは需要家に主導権

今、電力システムは大きく変わりつつあります。再生可能エネルギーの導入拡大で、需要と供給のミスマッチが拡がっていることに起因します。自然に合わせて発電せざるを得なくなったことで、電力が余ったり逆に足らなかったりということが起きていて、これからさらに拡大します。

2030年に向けて起こることは、温室効果ガス46％削減に向けて極端な太陽光発電の導入に突き進み、電力が余る世界です。電気が余るところでは、電力を使う人が主導権を握る世界が生まれます。

もちろん、電力が足らなくなるところも増えます。したがって、電力を使う工場すべてがメリットを享受するわけではありません。電力が足らない時間のために電力を蓄電し、保存しておく必要があるのです。その電力は当然高くなります。

電力が時間帯によって発電量やそれに伴って価格が異なる場合、工場はどのような体制を作り上げていくのか。これを作り上げた工場が何らかの価値を享受するはずです（**図4-18**）。

電力コスト削減には3つのポイントがあります。

1つ目は、燃料から設備へのシフトです。化石燃料ベースの発電は分が悪くなります。一方、太陽光発電は誰でも所有でき、さらにコストが下がり続けています。いったん、太陽光発電に投資した需要家は、スキーム次第で短期間での投資回収が可能であると同時に、減価償却が終了した後にそのメリットを享受できます。適切な太陽光発電への投資を行えば、工場は電力コストを抑えることが可能です。

ウクライナ戦争に代表されるように、日本は輸入燃料の価格リスクにさらされています。このリスクを避ける仕組みには必ずメリットがあるはずです。

2つ目は、市場を通じた需給調整です。太陽光発電が大量に導入された場合、その変動に対応することが必要になります。それに合わせた操業調整や蓄電池の活用は必ず役立ちます。そうであれば、制度もそれを促進する方向に進むでしょう。

多くの主体がバラバラに電力リソースを持つ世界では、そのマッチングが非常に重要です。EVを蓄電池にしたり、BCP用の蓄電池を利用したり、蓄電池の投

資で市場活用したり、蓄電池を上手く活用して操業調整を行うことで、バラバラのシステムで発生する時間ごとの価格の変動からメリットを享受できます。

　3つ目は、電力以外の価値創出です。自家発電の拡大を通じた電気事業とのパートナーシップ、エネルギーデータを通じた工場の省エネや生産プロセス改善、地域の他の事業者や住民の連携による新たな仕組みは、電力価格にとどまらない価値を生み出すはずです。工場は、そのような価値を生み出していくことが求められます。単に供給を受けるだけでなく、工場通しで連携したり、電気事業者と連携したり、地域住民と連携していくことが結果的に、電力コスト削減と同等の価値をもたらすはずです。

　これを上手くこなす仕組みを作り上げた工場は、エネルギー変革を自社の利益につなげられます。電力は供給事業者だけのものではありませんし、需要を握っているからこそできることがあるのです。新たな時代に向かっての工場のみなさんの活躍を期待しています。

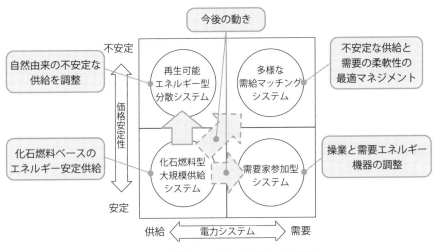

図4-18　電力システムのバランス変化

Point

● これから場所や時間で電力の余剰と不足が発生し、電力単価ゼロと高単価が共存
● 発電投資と需給調整で需要を握る工場がメリットを享受
● 電力以外の価値を生み出せる需要家としての工場に活躍の機会

参考文献

● 経済産業省資源エネルギー庁、「電力の需給バランスを調整する司令塔『アグリゲーター』とは？」、https://www.enecho.meti.go.jp/about/special/johoteikyo/aggregator.html

● 経済産業省資源エネルギー庁、「需給調整市場について」、2022年12月21日

● 電力広域的運営推進機関、「容量市場」、https://www.occto.or.jp/market-board/market/

● 瀧口信一郎、「カーボンニュートラル・プラットフォーマー」、エネルギーフォーラム、2022

● 公益社団法人日本技術士会提携茨城県技術士会、「絵で見てわかる工場の節電テクニック」、日刊工業新聞社、2011

● 田沼和夫、「ビル・工場で役立つ省エネルギーの教科書」、オーム社、2018

● 市村健、「DR・VPP・アグリゲーター入門」、オーム社、2021

索 引

〈著者紹介〉

瀧口 信一郎（たきぐち しんいちろう）

株式会社日本総合研究所　創発戦略センター　シニアスペシャリスト

京都大学理学部を経て、1993年同大大学院人間環境学研究科を修了。テキサス大学MBA（エネルギーファイナンス専攻）。1994年日本総合研究所入社。2016年より現職。専門はエネルギー政策・エネルギー事業戦略・分散型エネルギーシステム。著書に「カーボンニュートラル・プラットフォーマー」（エネルギーフォーラム社）、「ゼロカーボノミクス」（日経BP・共著）、「ソーラー・デジタル・グリッド」（日刊工業新聞社・共著）、「エナジー・トリプル・トランスフォーメーション」（エネルギーフォーラム社・共著）、「中国が席巻する世界エネルギー市場 リスクとチャンス」（日刊工業新聞社・共著）、「2030年、再エネ大再編」（日刊工業新聞社・共著）など。

（日本総研研究員紹介ページ）http://www.jri.co.jp/page.jsp?id＝3280

〈執筆協力〉

Goal connect 株式会社
代表取締役　大下　明

図解 今こそ見直す 工場の電力コスト削減   NDC588.09

2023年12月30日　初版1刷発行　　　　　定価はカバーに表示されております。

　　　　　　　　　　　　　　　Ⓒ著　者　　瀧　口　信一郎
　　　　　　　　　　　　　　　　発行者　　井　水　治　博
　　　　　　　　　　　　　　　　発行所　　日刊工業新聞社
　　　　　　　　　　　　　　　〒103-8548　東京都中央区日本橋小網町14-1
　　　　　　　　　　　　　　　電話　書籍編集部　03-5644-7490
　　　　　　　　　　　　　　　　　　販売・管理部　03-5644-7403
　　　　　　　　　　　　　　　　　　FAX　　　　03-5644-7400
　　　　　　　　　　　　　　　振替口座　00190-2-186076
　　　　　　　　　　　　　　　URL　https://pub.nikkan.co.jp/
　　　　　　　　　　　　　　　e-mail　info_shuppan@nikkan.tech
　　　　　　　　　　　　　　　印刷・製本　新日本印刷